U0600874

中国丝绸设计

精选版

赵丰◎著

ZHEJIANG UNIVERSITY PRESS
浙江大学出版社

图书在版编目（CIP）数据

中国丝绸设计：精选版 / 赵丰著. —杭州：浙江大学出版社，2020.8
ISBN 978-7-308-20061-5

I.①中… II.①赵… III.①古丝绸—丝织工艺—中国—图集 IV.①K876.92 ②TS145.3-64

中国版本图书馆CIP数据核字(2020)第036010号

中国丝绸设计（精选版）
赵　丰　著

策　　划　张　琛　包灵灵
责任编辑　黄静芬
责任校对　董　唯
封面设计　雷建军
出版发行　浙江大学出版社
（杭州市天目山路148号　邮政编码 310007）
（网址：http://www.zjupress.com）
排　　版　杭州林智广告有限公司
印　　刷　浙江海虹彩色印务有限公司
开　　本　787mm×1092mm　1/16
印　　张　18.75
字　　数　246千
版 印 次　2020年8月第1版　2020年8月第1次印刷
书　　号　ISBN 978-7-308-20061-5
定　　价　258.00元

浙江大学出版社市场运营中心联系方式：0571-88925591；http://zjdxcbs.tmall.com

序　一

但凡关心文物、考古，无论学人，抑或爱好者，都应该知道赵丰。二十年来，他办展、办会、办活动，声名远扬。而他在学界的赫赫声名，则一定是靠了著述。赵丰著述勤勉，成果丰硕，所作不仅匡正旧误，阐发新说，还常常披露新资料，抛出新问题。

既为研究，观点难免不同。尽管或许质疑赵丰的一二主张，任学者对其著述都格外推重。大家不仅关注他富含智慧的讨论，还关注他披露的新资料。实物是古物研究的核心。当年，陈寅恪曾对学术是否“预流”立过标准，即能否取用新材料，以研求新问题。赵丰的新资料不仅包含新文物，还有对它们的时代判定和技术分析。尤其是技术分析，令无缘亲近实物，或不通染色、不谙织造的学者无从措手。对这些新资料的讨论，往往成为中国丝绸史研究的学术前沿。仅此一端就可显示，赵丰的学术不只“预流”，还在“推波”。

特别在国内，相关机构对新资料守护甚严，故而对于披露新资料，多数学人只能心向往之，而力不能至。赵丰毕竟不同，他长年主持中国丝绸博物馆，馆内还有两个机构：纺织品文物保护国家文物局重点科研基地、中国纺织品鉴定保护中心。长年的征集、保护、修复、鉴定工作，使赵丰成了经手古代丝绸最多的专家、掌握丝绸图片最多的学者。不同于一般文博学家、考古学家，职责令赵丰的新资料绝不限于一馆的收藏、某地的出土。

中国丝绸博物馆位于杭州的玉皇山麓，环境清幽，馆舍敞亮，设备先进，新展连连，活动不断，事业蒸蒸日上。在海内外的纺织博物馆里，它规模最大，也最有影响，是研究和弘扬中国古代丝绸文明的第一重镇。要把博物馆做得风生水起，不仅太艰难，而且特别烦，非但要殚精竭虑拓展业务，还要和上上下下打交道、向方方面面送温暖。哪里还有时间、还有心境做学术？不过，赵丰精力充沛，能力兼人，这部书就是最近的证明。

这书是部精选本，作者以开阔的视野、清晰的理路、轻松的笔调、丰富的彩图，系统展示了中国古代的丝绸艺术精粹。赵丰告诉我，它比较通俗，主要供设计师使用。我体会到，它定位在准普及读物。我有过几次写作普及读物的经历，深知个中甘苦。若想写好，就要以大手笔做小文章，要深入浅出地传播准确的知识。以赵丰的造诣，对于此著的知识和学术，自有恰如其分的把握。至于表述，仅各章的标题就体现了他的才华：几何韵律（商周）、万兽云布（汉晋）、东西交融（魏唐）、南北异风（宋辽）、金色华章（金元）……不仅精准概括了各时代丝绸的艺术风貌，还以晓畅活泼，提振着阅读的兴趣。

这部书也有大量的插图，但与赵丰的其他著作不同，收入的大多并非照片，而是摹绘的彩色复原图。何以取用摹绘图？赵丰必有考量：丝绸文物每每残破，对于设计师的借镜，彩色摹绘图远比照片合用。摹绘看似容易，其实很难。丝绸是有机物，不仅最易残损，褪色还尤其严重。缺失的部分如何表现？当年的色彩如何还原？光凭描摹技艺还远远不够。绘出图案缺失的部分，要凭借对古物的深入理解；还原丝绸当年的色彩，要依赖对染料和技术的专精研究。于此，赵丰有经验、有资格。他不仅治丝绸史成绩斐然，还长年主持修复、保护，又于染料、染色用力甚多。古代丝绸的染料大多提取自植物，因此，在中国丝绸博物馆的庭院里，这样的植物触目可见。它们当然可以观赏，而在赵丰与其同仁的手中，更是实验、复原的良材。

中国古代的工艺美术有两大发明，一个是丝绸，一个是瓷器。丝绸轻柔适体，瓷器物美价廉，这两项发明造福人类，对于生活水平的提升，意义分外重大。中国是丝绸的故乡，即令在魏晋时代，西方也开始了丝织，但是中国丝绸的品质和艺术依然长期高踞世界的巅峰，成为传播华夏文明的主要物质载体。因此，中国的丝绸有重大的文化价值。

丝绸主要用以裁造服装，着装不仅为了蔽体保温，还要展示审美情趣。由于服装的不可或缺，其面料也最富展示性，其美妙的色彩、精彩的纹样，时时被其他工艺美术品类仿效。艺术史反复证明，古代装饰的精华往往荟萃于丝绸，丝绸的色彩和纹样总在引导装饰的潮流。因此，丝绸艺术是中国装饰的核心。

既然弘扬优秀的中华文明是华夏子孙的责任，既然中国丝绸有重大的文化价值，既然丝绸艺术是中国装饰的核心，那么，赵丰新书的价值也就不言自明了。

赵丰以丝绸史名家，合格的古代研究不会满足于缕述现象、探讨缘由、总结规律，还应该推动今日的文化建设。因此，以这部插图丰富、亲切近人的丝绸艺术史，促进当代的丝绸以至艺术设计，进而光大优秀的中国传统文化，肯定也是赵丰的心愿。而其达成，还要仰仗设计师的努力和智慧。优秀的设计不该枯守古代的典范，而应彰显传统文脉，融汇时代新机。我相信，赵丰同编辑也和我一样，都在翘首期盼这样的佳作。

尚 刚

2020年5月17日

序　二

两年前，看到“中国古代丝绸设计素材图系”一部十卷，并没有感到意外，以我对“图系”主编的了解，觉得他主编的书就应该是这样的。主编赵丰先生是一位有宏大目标的学者，又是一位有魄力有能力实现宏大目标的学者。作为他的老朋友，可以说我是眼看着畅想一个一个变成现实的。此前陆续出版的《敦煌丝绸艺术全集·英藏卷》《法藏卷》《俄藏卷》，即以搜罗全备为特色，不仅著录齐全，而且提供了详备的相关信息。又以整理和汇编工作所具有的学术含量，使其中的若干织物有着坐标的性质而得以作为比较研究的可靠资料。“图系”也同样如此。说来这是一项基础工作，然而它也正是一切研究的入手处。

从赵丰主编的各种图书来看，他是在建设一个庞大的资料库，有宏观，有微观，有横向，有纵向，是要把丝绸文化这个题目做透，因此每一个项目都有着掷地有声的分量。一般而言，集体项目很难做得好，但承担这一项目的却是一个多年培养、反复历练的团队，因此是值得信任的。并且所有的科研计划都不是一时冲动提出来．而是早有一个全盘考虑，扎扎实实一步步走下来的。充分的准备，承接各种修复工作（包括考古一线的提取文物），都是宏大目标和长远计划中的一部分，其间容不得疏忽和躲懒。

“图系”囊括了迄今为止与丝绸相关的各项重要考古发现。比如王乐编著的《汉唐卷》有长沙马王堆、武威磨咀子、扎滚鲁克、楼兰、尼雅、山普拉、营盘、都兰、敦煌、吐鲁番；徐铮、蔡欣编著的《辽宋卷》有南京长干寺、福州黄昇墓、德安周氏墓、金坛周瑀墓、黄岩赵伯沄墓；茅惠伟编著的《金元卷》有集宁路古城遗址、苏州张士诚母曹氏墓、达茂旗明水墓、阿城金代齐国王墓、无锡钱裕墓、隆化鸽子洞窖藏。每一卷皆冠以很有学术含量的综述，每一卷每一物又都有言简意赅的说明，包括工艺特点和纹样源流，有的不啻一则纹样小史。把它放到一个宽阔的视野里细读，会引起对纹样设计意匠一些新的思考，也可借以追索纹样的若干设计来源。“图系”从众多的造型艺术中勾稽丝绸纹样，而我们也不妨反过来，从这些丝绸纹样的荟萃中，认知装饰领域里同一时代的流行色，寻找不同时代继承发展的线索和不同地域融汇交流的轨迹。因此可以说，它提供的不仅是丝绸史、艺术史，也包括了古代社会生活史中的许多重要信息，使得专业之外的人也能够读之兴味不尽且获取新知。此外，丝绸图案讲述的故事也为我们提供了一个解读古诗文的新的资料库，当然此尚赖于有心人的深入思考。

如果说“中国古代丝绸设计素材图系”有类于诗歌总集，那么眼前这一部《中国丝绸设计（精选版）》便是总集基础上的诗歌选本。“精选”，自然要体现选者的目光和胸襟。书名里，“设计”二字似乎格外突出，我因而把它视为这部选本的“关键词”，换句话说，我以为这是此书之精要。近年写作《中国古代金银器史》，对比材料中，关注最多的便是丝绸纹样，发现不仅纹样设计借鉴丝绸，且工艺——不论錾刻还是镞镂，竟也有模仿刺绣效果的作品。丝绸纹样与金银器纹饰，都是古代设计史的重要组成，与本书作者的关注点相同，大家都有一个“纹样是如何设计出来”的问题时时放在心里。宋人论集句诗曰“融液众作而成一家之言，必有大气魄；陵暴万象而无一物不为吾用，必有大力量”（刘克庄《陈秘书集句诗》），成功的造型艺术又何尝不如是。艺术语汇的移植、组合与拼接，佳制自然也像浑然无迹如己作的集句诗。而“大气魄”与“大力量”，也必有来自时代的赐予。第八章之外，《中国丝绸设计（精选版）》在时间的轴线上，依次用四个字精心提炼出时代特色，对古代工匠设计理念的发明即随之贯穿始终。因为有“中国古代丝绸设计素材图系”打底，这里的叙述自是要言不烦，辞旨精朗，寻源讨本，探赜赏要，优游夷愉。与文字相互依傍同样担负叙事功能的纹样复原图，更有着对景挂画之契，教人时常可与隐身的工匠相与会心。

本书导论“艺术中的丝绸”结语云：中国丝绸“自古以来就是中国艺术史的一个重要门类，和中国艺术史的许多门类相邻相伴，互相影响”，它从未缺席，因此“中国丝绸，是贯穿中国艺术史的一条彩带”。是的，作为一个研究范畴，“中国丝绸”是独立的存在，然而回到它原本的生存状态，千丝万缕又无不系连于时代的织机，它是“贯穿中国艺术史的一条彩带”，它也用彩梭织出的一张中国古代设计史的“关系网”，挽结着无数的美丽的绽放。

扬之水

庚子初夏

目录

导　论　艺术中的丝绸　1
第一章　几何韵律（商周）　11
第二章　万兽云布（汉晋）　21
第三章　东西交融（魏唐）　35
第四章　南北异风（宋辽）　79
第五章　金色华章（金元）　111
第六章　吉祥定式（明）　147
第七章　生活万象（清）　185
第八章　简拙之风（少数民族）　251
拓展阅读　281
文物来源　287
后　记　看一路美丽的风景　291

导论

艺术中的丝绸

丝绸是中国的一大发明，一般人把它看成一种技术发明，但事实上，丝绸在中国艺术史上的地位更不容忽略。作为一门独立的艺术，它自诞生之日起就与中国古代其他艺术有着密不可分的关系，它们之间相互影响，相互促进。一方面，蚕桑丝绸作为重要的生活内容，被广大的艺术作品作为重要题材而采用；另一方面，它的发展曾对中国其他艺术的演变起到过某些特殊的作用。中国众多的艺术门类与丝绸艺术相互影响、相互促进，才形成了一部完整的中国艺术史。

一、蚕桑丝绸作为艺术题材

蚕的一生确实让人惊叹，它从蚕卵开始到幼虫也就是我们所熟知的蚕，蚕老之后又吐丝成蛹，最后经过蜕变成为蛾。这种静与动（包括眠与起）使我们的先人联想到当时人们最为重大的问题——天与地、生与死。卵是生命的源头，孵化成幼虫就犹如生命的诞生，几眠几起就如生命的几个阶段，蛹可以被看作一种死，即原来的生命的死，而蛹的化蛾飞翔则是人们所想象的死后灵魂的去向了。最早记录蚕桑丝绸经历的蜕变的并不是历史文献，而是许多反映蚕或桑的形象的器物。

在中国新石器时代的许多遗址中，都发现了不少陶制、石制或玉制的蛹形、蚕形或蛾形雕刻品。例如，浙江余姚河姆渡遗址出土的蚕纹象牙盅，河南郑州双槐树遗址出土的蚕形骨雕，江苏吴江梅堰遗址出土的黑陶上的蚕纹雕刻，以及山西芮城西庄村和河北正定南杨庄出土的陶蛹，都说明了早在几千年前，人们已开始注意观察蚕一生的变化，特别是蛹化蛾的变化。

桑的形象在古代的艺术品中也不罕见。古人们认为桑林是通天的地方，而扶桑与现实中的桑树较为接近，传说中它是通天之树，因此，表现神树扶桑的形象也很多。较为可信的是四川广元三星堆遗址出土的商代青铜扶桑树。此外，湖北随州曾侯乙墓出土的衣箱上也有扶桑的形象，图案中有一人在树下引弓射鸟，推测为后羿的形象（图0–1）。

到汉代，扶桑的形象更多，在湖南长沙马王堆一号汉墓出土的著名的帛画上有一棵扶桑树。但更多的扶桑或桑树可在汉画石中看到，有的与鸟一起，象征扶桑；有的树下系马，也是扶桑；还有的画了采桑女或桑篮。

汉代出现的还有纺织题材的画像石。这类图像十分丰富，目前所知有着织机形象的纺织画像石已达二十余块，其中山东境内的滕县黄家岭、西户口、龙阳店，嘉祥武氏祠、晋阳山慈云寺，长清孝堂山郭氏墓石祠等有出土；江苏境内的铜山洪楼祠堂、青山泉，沛县

图0-1 湖北随州曾侯乙墓出土后羿弋射图衣箱

留城遗址，泗洪曹庄等有出土；此外，四川成都曾家包等地也有出土。这些画像石上描绘的大多是《曾母训子》或《牛郎织女》的故事，画中的踏板织机反映了当时一般家庭织造技术的水平。

蚕桑丝绸题材在宋代更受重视。南宋高宗时，临安於潜县令楼璹绘制了《耕织图》，其中的织图反映的就是蚕桑丝绸生产的过程，后人称之为《蚕织图》。现存最早的《蚕织图》是有着南宋吴皇后题注的版本。《耕织图》对后世的影响非常大，到清代康熙年间，宫廷画家焦秉贞又根据皇帝的意图绘制了新的一套《耕织图》，康熙皇帝亲自为其题诗，成为有清一代所有《耕织图》的范本。此后，雍正、乾隆、光绪等各时期都有不同版本出现，但均以此为原本。它还出现在各种艺术作品中，如木刻、石刻、墨刻，而且有各种变化的版本出现，如四川广元皇泽寺的《蚕桑十二事图》、中国丝绸博物馆所藏清乾隆时期杭州吴禛的《纺织图册》(图0–2)，显然都是受了此图的影响。

二、艺术图像中的丝绸纹样

除了蚕桑丝织的工艺过程可成为中国古代艺术创作的素材，大量的造型艺术中也表现和记录了当时的丝绸纹样。

最早记录丝绸纹样的是商代的玉器和青铜器。河南安阳殷墟妇好墓出土玉器中就有不少人物尤其是贵族人物的造型，这些人物大多明显穿着衣服，衣服的领、袖、腰带织的应该是几何纹，而衣服主体部分应该是刺绣的龙蛇纹、饕餮纹。最为详细的是三星堆出土的青铜立人，整体衣服的形制和纹饰都设计得十分精细，上面可以看到明显的对龙纹样。结合商代墓葬出土的青铜器上附有大量丝绸提花和刺绣痕迹的情况来看，这些纹样无疑就是

图0-2 清代吴禎《纺织图册》中的攀花图

丝绸纹样。所以，我们对于早期丝绸纹样的认识，有很大一部分来自当时的造型艺术。这类雕塑艺术到后代依然会有大量丝绸纹样留存，特别是寺观里的彩塑，还有墓葬出土的兵马俑、三彩俑等，都是研究丝绸装饰图案的极好资料（图0–3）。

相比之下，绘画中的丝绸装饰纹样更多、更精彩。这一方面是因为丝绸纹样本身就是平面设计艺术的一部分，用绘画表现更为合适，另一方面是因为丝绸通常是多彩织物，绘画能表现得更为充分。中国的绘画大致有两个较大的体系：一个是壁画，不可移动，包括

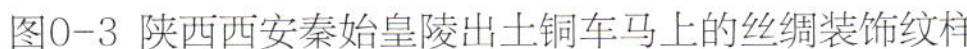
图0-3 陕西西安秦始皇陵出土铜车马上的丝绸装饰纹样

图0-4 山西太原北齐徐显秀墓壁画中的丝绸装饰纹样

墓室壁画和寺观壁画；另一个是卷轴画，可移动，主要是文人画和宗教画。

墓室壁画的出现和流行就在汉画像石的出现和流行之际，但大量人物及其服饰的图示则多出现在魏晋南北朝时期。能体现精美服饰图案的经典墓葬是北朝墓，山西太原北齐徐显秀墓壁画就有精美的联珠团窠人物头像、联珠云窠对狮等丝绸纹样（图0–4）。

相比之下，寺观壁画中的服饰图案更为精美。寺观壁画最初出现在丝绸之路上的佛教洞窟，最为丰富的应该是新疆龟兹壁画，其中就有不少织锦服饰图案。紧随其后的是敦煌莫高窟的壁画，常沙娜曾于1959年和黄能馥、李绵璐一起赴敦煌临摹了四百余幅从北朝到宋元的服饰图案，并进行整理和出版，其中大部分明显是丝绸图案，成为我们了解唐代前后丝绸之路上的丝绸艺术的重要资料（图0–5）。唐代以后的寺观壁画重点转到中原一带，大量宋元明时期的佛教和道教寺观都完好地保存在那里。与丝绸服饰图案关系最为密切的是元代的山西永乐宫壁画，那里的壁画早在20世纪80年代就已有人进行过整理（图0–6）。但我们也进行了进一步的整理，依然发现了很多新的资料。明清时期，除了汉传佛教寺庙，藏传佛教寺庙里也有大量精美的服饰图案被保留下来，成为学者们研究的对象。

早期的卷轴画通常会描绘人物的形象，包括服饰图案，显得非常精美。为人熟知的是唐人或摹唐人的《步辇图》《捣练图》《簪花仕女图》《韩熙载夜宴图》等，上面的人物服饰有着不少的图案（图0–7）。到后来，文人画的现实性逐渐降低，图案渐渐变得程序化起来，但它们依然是当时生活现实的某种反映。特别是到了后来，藏传佛教、民间道教里的水陆道场画卷，也有大量的服饰图案，这些图案虽然不一定十分准确，但从总体来看，还是在很大程度上反映了当时的丝绸工艺及流行的纹样。

三、丝绸材料与书画艺术

丝绸与中国书画的关系十分密切，丝绸曾是书画的主要材料，这里面有两层意思：一是丝织物曾是书画的载体，如早期的帛画和帛书，后来一些重要的绘画也画在丝织品上；二是蚕吐丝时直接吐成的平板丝，也曾用作书画材料，传说书圣王羲之书写《兰亭集序》时曾用三绝——象管、鼠毫和茧纸，茧纸就是蚕吐丝而成的平板丝，书写效果非常特殊，现今有些少数民族地区还在生产茧纸，有些书画家也依然喜爱采用茧纸作画。在造纸术发明以后，纸就取代了丝织品，成为主要的书画材料。但其实，纸的发明还是受到了丝绸的影响，纸以丝为偏旁，就已说明了丝与纸的关系，纸的初意是丝在漂洗过程中积淀的丝屑，它在竹匾中形成薄薄的一层。人们由此受到启发，用纤维素纤维代替丝纤维来造纸，成为中国的一大发明。

唐代前后，丝绸开始用于书画的装裱。最初可能出现在敦煌等的佛教典籍、绢画中：莫高窟藏经洞中发现的不少绢画在周边都有用以装饰或保护的丝绸，保护和保存佛

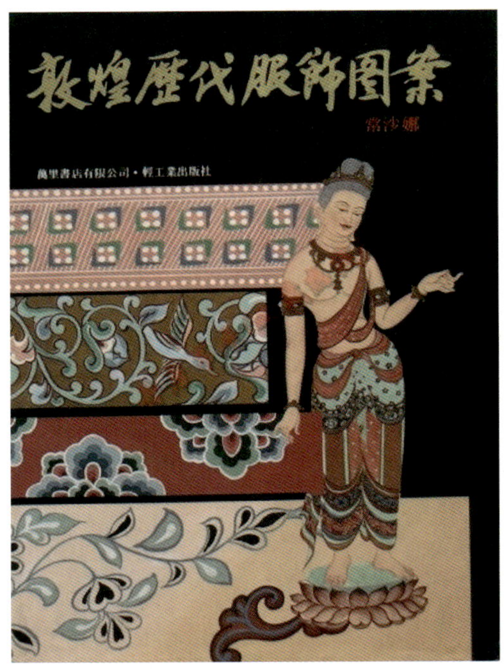

图0–5《敦煌历代服饰图案》封面

图0–6《永乐宫壁画服饰图案》封面

图0–7 唐代张萱《捣练图》局部

教经文的经帙，一般也在四周镶一圈织锦，以保护经帙本身或里面的经卷。约从宋代起，丝绸成为正式的绘画装裱材料，一直沿用至今。据宋代周密的《齐东野语》和元代陶宗仪的《南村辍耕录》记载，绸大多用于装裱，绫大多用于裱衬，而锦和缂丝大多用于包首（图0–8）。这种做法在中国一直流传，以至于中国把直接用于中国传统书画的双林绫（裱）绢（画）和苏州宋锦（外包装）作为极重要的工艺，申请将其列入联合国教科文组织的《人类非物质文化遗产代表作名录》，以更好地对其进行保护和传承。

丝绸与绘画的关系在宋徽宗时期得到了进一步加深。宋徽宗是中国皇帝中少见的一位酷爱艺术的人，他极喜欢书画，由于他的喜好，不光绘画艺术得到了发展，而且丝绸艺术中的缂丝与刺绣也都向着绘画发展。缂丝在宋代达到了发展高峰，它与绘画相结合，其缂如画，出现了朱克柔、沈子蕃等一批名家，其作品包括朱克柔《莲塘乳鸭图》（图0–9）、

图0-8 用作东晋顾恺之《女史箴图》包首的八达晕宋锦

图0-9 宋代朱克柔《莲塘乳鸭图》

《花鸟》等一直流传至今。而刺绣在日后的发展中与绘画的结合更为紧密，特别是明末在上海出现的露香园顾绣，一直以画为绣稿，画绣结合，基本脱离了实用功能，成为十分流行的装饰艺术。这种艺术一直影响到清末沈寿，她受西洋艺术的影响，用刺绣来表达油画效果，并发展出今天刺绣的一个重要流派。

四、丝绸对其他工艺的艺术影响

综观早期的中国工艺美术尤其是玉器艺术和青铜艺术的发展过程，可以发现这样一个事实：新石器时代出现的动物纹样大多采用单纯的线条刻画而成，青铜时代早期的艺术也

图0-10 河南郑州洼刘出土商代晚期云纹地兽面纹举父丁鼎

是如此，但自青铜时代中期起，各种礼器上出现的动物纹样大多是在主题动物纹样的周边和间隙之处填满了各种小几何纹，如回纹（因长得像汉字中的“回”字而得名）、雷纹（图0-10），前后风格相差很大。是什么促使这一风格转变的呢？当然不排除设计上的创造，但创造也需要启发，也需要灵感，我们认为这是几何纹暗花织物上加以动物为主题的刺绣的影响所致。

在正式的机织图案出现之前，广泛的编织和挑织图案已经存在了相当长的一段时间，浙江余姚河姆渡遗址和陕西仰韶半坡遗址出土的竹编制品以及江苏苏州草鞋山遗址出土的葛编几何纹织物都说明了这一点。而正式的丝织图案出现在青铜器和玉器上，其实例有河南安阳殷墟出土青铜钺上的回纹图案，这在故宫博物院所藏以及河南安阳殷墟

图0-11 湖南长沙马王堆汉墓出土几何纹绒圈锦

所出商代玉雕人像的服饰图案中也有相似的刻画；安阳殷墟妇好墓和故宫博物院所藏玉刀上都有云雷纹样的发现；安阳侯家庄出土的玉石人像腰带上有勾连雷纹图案，推测也是丝织图案。同时，我们也能在这些带有丝织痕迹的青铜器上发现刺绣的痕迹，但这些刺绣纹样往往甚大，不能看清其总的形状。然而，从商代出土的玉雕人像来看，却是明显的具有神奇呈现的效果的动物纹，风格类似于同时期青铜器上的动物主题纹样。虽然这种纹样不能见到全部，但是这种以暗花织物为底层、刺绣纹样为显花层的风格十分自然，水到渠成，可以被看作两个层次设计的母样。这种纹样正与当时社会的主流思想相吻合，云气也正能说明天人合一的思想。

通过这种方法形成的花地两个层次的丝绸图案到汉代仍很常用，湖南长沙马王堆汉墓出土的绒圈锦（图0–11）、杯纹罗地信期绣正是这样一类织物。一直到宋元时期，无论是建筑还是丝织品上，都出现了一种叫“锦地开光”的图案，作为锦地的通常是几何形的曲水纹样，而开光之中，则是成双成对的花鸟或动物纹样。直到清代，丝织品上还有一种叫“锦上添花”的图案，在极为复杂的宋锦纹样地上，展示升腾的龙或缠枝的花卉，说明人们非常注意丝绸图案的这两个层次，也只有需要多次装饰的丝绸工艺才可能存在两个层次。

丝绸设计自古以来就是中国艺术史的一个重要门类，和中国艺术史的许多门类相邻相伴，互相影响，甚至可以说，她不曾迟到，也从未早退。只是作为有机物的娇贵，使得她不易保存，也使得她的形象有些模糊。石器时代，她已经出现，但可惜没有容貌留存；殷商时期，她与青铜器上的艺术有强力印证；春秋战国，她与漆器上的大量纹饰完全吻合；秦皇汉武，画像石和釉陶上的云气动物体现秦汉雄风；魏晋南北朝，壁画彩塑上的胡风形象也可以在丝织品上时常见到；隋唐五代，铜镜和金银器上的宝花、团窠、对鸟、奔兽，与大唐丝绸纹样完全一致；此后宋代的《营造法式》、元代的青花官窑、明代的漆器、清代各种各样的室内装潢，无一不与丝绸设计艺术的发展相得益彰。

中国丝绸，是贯穿中国艺术史的一条彩带。

第一章

几何韵律（商周）

一、编织纹样的特点

在正式的机织图案出现之前，广泛的编织和挑织图案已经历了相当长一段时间的发展。浙江最新发现的杭州萧山跨湖桥遗址以及宁波余姚井头山、河姆渡遗址均出土了竹编制品，属于良渚文化的江苏苏州草鞋山遗址出土的葛编织物上有着简单的几何图案，就证明了这一点。而正式的丝绸织花图案最早出现在殷商时期，它们大多是被称为“云雷纹”的几何图案，其组织属于商式组织，被后世称为“绫”或“绮”。它们虽是一些简单的几何纹样，但也有着自己的特点。

纹样结构的节奏感：当时的图案循环一般很小，结构交错或起伏，能明显地体现其单调的节奏，尽管单调，但仍有一种几何美。

结构线条的均匀性：早期丝织图案由线条构成，这些线条粗细均匀、间距相等。因此，尽管结构本身具有节奏感，但其总体效果浑然一体，十分协调。

线条斜向的正交律：所有线条的斜向均由经纬密度的两条对角线决定。因此，线条之间的关系不是平行就是垂直，即所谓的正交关系。

具有上述特点的早期织花图案的风格，或可归纳成：简朴而又细致，稳定又具韵味。真正的机织几何图案应该受到了两个方面的影响。一方面是纺织技术本身的发展规律。为了使较为精细的纺织品达到类似编织物的相对明显的纹样效果，古人采用了不少方法，在中国原始腰机上是用地综和花综的配合得到各种几何图案，在西方重锤式织机上则是用四片综直接模拟早期编织中的“人”字纹，然后由这四片综的排列变化产生丰富的几何图案，还有综版式织机也可以编织出简单的图案。这就是说，纺织技术本身的发展规律的确能在织物上创造几何图案。另一方面，新石器时代彩陶艺术中成熟、流行的几何图形也给织花图案带来了很大的影响，因此可以认为，丝织的几何图案风格是与彩陶艺术风格相吻合的。

二、早期的绣绘纹样

殷商时期应该已经出现了刺绣和彩绘的主题纹饰，主要见于商代青铜器上的纹样。例如，殷墟出土的玉石人像的服饰、三星堆出土的青铜立人，都明显地反映了当时的织物刺绣或彩绘图案。服饰的纹样大多以动物为主题，胸前处常绣有饕餮纹，袖部和背部多有蛇纹和目纹等，与殷商青铜礼器上的图案风格基本一致，体现了一种怪诞的美。

不过，这类动物纹样也多出现在空间装饰中。例如，目前所知规模最大的刺绣发现于山西绛县横水西周墓出土的凤鸟纹荒帷（图1–1），其图案应该是一种凤鸟纹样。其中有规模极大的凤鸟，也有尺幅较小的凤鸟，所用的工艺结合了刺绣和贴羽两种。可以想象，这件作品中用彩色丝线绣出凤鸟的轮廓，再用真正的鸟羽贴出凤鸟的羽毛色彩，该是何等漂亮！这虽然是墓室里的一种装饰，但原本也应用于其他场合。

三、几何纹的打散和重构

自春秋战国起，丝织技术有了较大的发展，织机类型中不仅出现了踏板织机，还出现了真正的多综式的提花机，所以丝织图案也变得更为丰富。从出土的实物看，战国至汉初丝织品上还是以几何纹样为主，不过更多呈现了把连续的几何纹进行打散和重构的设计。

第一类是小几何纹样。它还保留着早期的遗风，一般是用简单的直线条构成条格形的骨架，然后在其中填以简单的几何纹，如回纹、S形雷纹、点纹、十字形纹。这方面的实例有湖北江陵望山楚墓出土的石字纹锦、马山楚墓出土的小菱形纹锦和十字形菱纹锦等，

图1–1 山西绛县横水西周墓出土凤鸟纹荒帷

图1-2 湖北江陵马山楚墓出土大几何纹锦

图1-3 湖北江陵马山楚墓出土龙凤虎纹绣

湖南长沙左家塘楚墓出土的几何填花燕纹锦亦可归入此类。

第二类是大几何纹样。它是从早期的小几何纹中发展起来的，以粗壮的几何纹做骨架，再填以小型的几何纹，因此，纹样较为复杂，循环也较大，是极富战国时代特征的几何纹样。这类大几何纹的骨架主要采用两种形式：一种是勾连雷纹形，曾侯乙墓出土的勾连雷纹锦是初期的发展，马山楚墓出土的大几何纹锦（图1-2）中的A型和E型两件其实也都采用了勾连雷纹做骨架[1]，而填入的几何纹样竭尽变化之能；另一种是锯齿纹形，犹如战国铜镜中的折叠纹。对称的锯齿形成了极富特色的杯纹形，如河南信阳长台关楚墓出土的两件复合菱纹绮和马山楚墓出土的大几何纹锦中的C型。不对称的锯齿纹就更多了，左

［1］ 湖北省荆州地区博物馆．江陵马山一号楚墓［M］．北京：文物出版社，1985.

家塘楚墓出土的深棕地红黄色菱纹锦、马山楚墓出土的大几何纹锦中的D型、俄罗斯巴泽雷克墓地出土的几何纹锦等均属此类。

四、刺绣中的龙凤天地

楚汉浪漫主义使龙凤图案产生了任意的想象和随心的变化，当时经常把龙凤纹样与花藤枝蔓相缠联，以致常常难以区分，但仔细观察，可知当时的龙凤均有细长、弯曲或卷绕的身子，锋利的爪子，如花的尾巴或羽毛，龙首常如狐狸头，凤首常有圆眼长喙，头上花冠或有或无，有时可以极长、极大、极为复杂。

具体来说，当时刺绣中的龙与其他文物中的螭龙造型相似，主要有以下四种常见的形态：一为爬龙，通常作四肢匍匐爬行状，肢身弯曲，四足分别处于肢体的左右两边，这种龙的形状，大量出现在战国至西汉的织锦图案之中，显得古拙，在刺绣中就较为少见了；二为行龙，作侧视行走状，又分前行龙、回首龙、仰天龙，前行龙肢体呈波浪形，回首龙和仰天龙则多呈卷曲形，各龙体总是挺胸挺腹；三为对称龙，以两条龙身对称而于龙首处汇合；四为交龙，两条龙缠绕盘交，有时与凤鸟共处（图1–3）。

凤的造型亦可分为行凤和立凤两大类。行凤多以侧面出现，通常是仰天长啸，挺胸阔步，气宇轩昂，亦有作回首嘶鸣状的。立凤的形象有正、斜、侧三种：正立者有两种形象，一种是展翅与颈、尾形成一个飞机状，另一种亦是由两个侧面形成一个完整的凤，这种形象较为怪诞；斜立者的形象出现较多，变化亦多，具有立体感；侧立者较拘谨，主要用于织锦图案。所有这些凤均较纤细，但十分矫健，其最大的特点在于冠、翅、尾的丰富变化，十分任意，长度任意，弯曲任意，形状任意，有时作羽毛状，有时作花蕾状，有时作藤蔓枝叶状，不胜枚举。

精选纹样

1. 铜玉遗迹

中国最早的丝织品图案出现在商代的青铜器和玉器上，不过基本是丝织品的印痕，可以看出是平纹地上显花的组织结构，其中有大量的回纹和云雷纹。这类纹样在商代玉雕人像的服饰上也经常可以看到，说明这是当时常见的织造纹样。它们虽是一些简单的几何纹样，但也有着自己的特点，如纹样结构的节奏感、结构线条的均匀性和线条斜向的正交律。同时，这类纹样较多地用于服装的边饰，或作为刺绣的地部。

a	b
c	d

a. 回纹饰青铜钺
b. 云雷纹饰玉戈
c. 对龙纹饰青铜立人像
d. 勾连雷纹饰玉雕人像

2. 锦上几何

战国时期的织锦出土不少，最多的是湖南、湖北的楚墓，如湖南长沙楚墓、湖北荆州楚墓，更远一些的有浙江安吉和江西靖安战国时期的墓葬，甚至俄罗斯巴泽雷克墓地出土的同一时期的织锦，基本是相似的风格。其中最大的特点是，用简单的几何线条构成整个图案的骨架，可以是同一方向的折线，或是对称的折线，还有勾连雷纹的折线，再在其中填以简单的几何纹，大多是经过打散重构的杯纹。这类几何纹只出现在战国和西汉初期，后来基本绝迹。

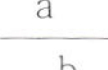

a. 勾连形大几何纹锦
b. 锯齿形大几何纹锦

3. 蟠龙飞凤

商代到西周时期的刺绣凤鸟在战国有了很大的变化。在俄罗斯巴泽雷克墓地出土的一件鞍鞯上有着满满的刺绣凤纹。这些凤鸟十分生动，站在或者说是跳跃在藤蔓状的枝头，姿势各异。而在马山楚墓出土刺绣上的凤鸟，则具有更多装饰性，或者被神化了。与此相伴的龙纹也极为神奇，其形象造型有：爬龙，通常作四肢匍匐爬行状；行龙，作侧视行走状；对称龙，龙身对称而于龙首处汇合；交龙，两条龙缠绕盘交。

a | b / c

a. 龙凤虎纹绣
b. 飞凤纹绣
c. 对龙对凤纹绣

4. 对龙对凤

当时，丝绸上龙凤图案的排列有四种形式，其中有一种常见的是对称排列，尤其是在织锦中特别常见。典型的实例有交龙对凤纹锦和对龙对凤纹锦。仔细观察对龙对凤纹锦上的纹样，主题纹样除龙纹比较简单外，凤则有长线冠凤鸟、三角形冠凤鸟、双短线冠凤鸟等几种造型。此外，这一类的织锦上还经常出现豹纹和虎纹，以及杯纹、扶桑树纹和日月星辰纹。如果把这些织锦纹样与马山楚墓出土的交龙对凤纹刺绣相比较，可知这类纹样的原型来自刺绣。刺绣中对于龙、凤有更为生动的刻画，特别是对扶桑树和太阳的刻画更有特点，使我们可以比较准确地了解这些图案的真实出处。

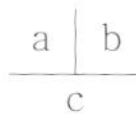

a. 祥禽瑞兽纹锦
b. 交龙对凤纹锦
c. 对龙对凤纹锦

5. 人兽相处

大几何形的骨架可以成为各种动物的活动天地，不过，这种骨架是拘谨和严格的，许多时候呈杯形（由对称的折叠纹构成），也有呈菱形或锯齿形的，在这样的骨架中，生动的动物也难免变得拘泥和变形了。舞人动物纹锦是最为经典的作品，其骨架是由小龙纹和几何纹组成的锯齿形，两两相对成菱形骨架，两两相同则成锯齿带状形骨架。此时，在分隔后的各区域中有对龙、对凤、对麒麟等动物，最引人注目的是一对舞人，挥动长袖，翩翩起舞。另有一种狩猎纹绦，也是用小几何纹样组合成菱形骨架，但狩猎活动的各种细节更为精致。

a/b

a. 狩猎纹绦

b. 舞人动物纹锦

第二章

万兽云布（汉晋）

一、云气动物的时代

到目前为止，已出土的云气动物纹锦不下百例，其年代一般在汉代到北朝之间，但又以东汉与魏晋为主。在早期的汉墓如河北保定满城汉墓和湖南长沙马王堆汉墓中仅见云气纹刺绣，而未见云气纹织锦；在北朝虽也有少量云气动物纹锦，但上面都已是僵化的图案，与兴盛时期的图案风格相去甚远。从图案风格和工艺织造技术的角度来看，这些云气动物纹锦有着许多共同之处。首先，它们都是经显花织物，其基本组织是中国传统的平纹经二重，织物表面显花的经丝沿纬向分区换色排列，形成经向彩条的效果。其次，由于当时织造条件的限制，图案沿纬线方向的循环均大于经向循环，后者一般不超过9厘米，而前者往往是幅度的1/3，甚至全部。

二、锦上铭文

不少汉式织锦特别是云气动物纹锦中织有铭文，如“五星出东方利中国”锦护膊（图2–1）。这些文字不仅反映了当时的社会思想、人们的信仰理念，有的可能还涉及当时的重大社会政治事件，因此具有更大的历史价值。这些铭文大致可分为三类。

第一类主要是祈祷延寿、子孙蕃昌的吉祥语，有的在吉祥语前织出锦名或织坊名，有的则织出织造者或订制者的名字。如“延年益寿大宜子孙”“安乐如意长寿无极”“延年益

图2-1 新疆民丰尼雅遗址出土“五星出东方利中国”锦护膊

寿长葆子孙”“千秋万岁宜子孙”“世毋极锦宜二亲传子孙”“续世锦宜子孙”“韩仁绣文衣右子孙无极”“安乐绣文大宜子孙”“得意绣文子孙昌乐未央”。这种吉祥语在两汉时极为流行，瓦当、铜镜和漆器上也经常出现。这说明，在当时安定的社会环境中，人们对人生的留恋自然与祈求长生、保佑子孙绵绵无极的观念相结合。织锦特别是云气动物纹锦中织入这类铭文就像是给神山仙境配注了文字，把当时人们对神仙世界的企慕、渴望得道生仙并荫及子孙的理念表达得相当充分。

第二类铭文虽然不长，也各有所指，但较为含蓄。如“长乐明光”“长乐大明光”“大长乐明光承福受右”“长寿明光”“阳”“广山”“威山”。“明光”寓意有二说：一种说法是象征日升月恒、普天同乐；另一种说法是其为汉宫殿名。“阳”为地名，也许是南阳郡的简称。“广山”和“威山”是两个山名。据晋朝陆翙《邺中记》记载，锦名有“博山锦”，对照汉时流行的博山炉，可知这类山名大多与神仙境界有关。

第三类铭文较长，有些可能表达了特殊的含义。如“五星出东方利中国诛南羌四夷服单于降与天无极”“绮伟并出中国大昌四夷服诛南羌乐安定与天毋疆”“王侯合昏千秋万岁宜子孙”“恩泽下岁大孰常葆子孙息弟兄茂盛无极”“新神灵广成寿万年”“登高明望四海贵富寿为国庆”。

三、云气动物纹样的系谱

云气动物纹样出现的时间至今仍无法确定。一般认为，这类纹样均属东汉时期，沈从文认为它们早不过秦始皇以前，晚不会在汉武帝以后，但从出土物的遗址或墓葬年代看，最早出土汉锦实物的蒙古诺因乌拉墓的历史上限是在公元前1世纪，提前到汉武帝时并无实物佐证。目前所知唯一有明确纪年的织锦是“元和元年”锦囊（图2-2），制作年份为东汉章帝年间元和元年（84年）[1]。另有若干件织锦经学者研究也有着相对可靠的年代，如“五星出东方利中国”锦，很可能是在魏国灭蜀后由四川工匠织造的；“恩泽下岁大孰”锦应是东汉末年至魏晋初年的产物。但是，我们也可以根据较粗略的年代及图案的渐变性来勾画出云气动物纹样的系谱[2]。

图2-2 新疆民丰尼雅遗址出土“元和元年”锦囊

云气动物纹中的云气应来自刺绣艺术。从出土实物来看，战国秦汉时期的刺绣水平已

[1] 于志勇．尼雅遗址新发现的“元和元年”织锦锦囊 [J]. 新疆文物，2006（1）：75-79.

[2] 赵丰．云气动物锦纹的系谱——中国古代丝绸图案研究之三．浙江丝绸工学院学报，1989（3）：44-49.

极高，马王堆的信期绣、长寿绣等均说明了这一点，云气婉转自如，整个图案浑然一体。但它的成功，很大程度上在于刺绣图案随心所欲，基本不受技法原则的束缚，而织造图案就不一样了，它受到的技术上的限制较大。因此，在图案的演进过程中就与刺绣产生了一个时差，正如动物纹样的刺绣在周代已经较为发达，但出现在织物上却迟至战国，云气纹样从刺绣移植到织物上也花了百余年的时间。

云气纹样在用于织锦之后，形成了以云气为主的纹样，第一种是穗状云纹，如“万世如意”纹和“乐”字纹。第二种是山状云纹。穗状云被逐渐淘汰后，取而代之的便是山状云。东汉是穗状云与山状云的共存期，也是它们的交替期，山状云又逐步程式化、简明化，最后变成纯几何形的骨架。吐鲁番出土的夔纹锦可以被看作这一系统的结束。

四、文化背景

云气动物纹样在我国丝绸图案史上占有独特的地位。这种纹样奔放，古拙，独树一帜，并广为流传，从记载来看，当时长安、邺城及建康等几个政治中心的很多织物上有此类纹样。《邺中记》中提到后赵织锦署中生产“大登高、小登高、大明光、小明光、大博山、小博山、大茱萸、小茱萸、大交龙、小交龙、蒲桃文锦、斑文锦、凤皇朱雀锦、韬文锦、桃核文锦，或青绨，或白绨，或黄绨，或绿绨，或紫绨，或蜀绨，工巧百数，不可尽名也”，而梁简文帝在《梁太子谢敕赍魏国所献锦等启》中赞扬北魏：“尚传登高之文。”再结合出土实物来看，俄罗斯、蒙古、中国新疆等地均有出土，特别有意义的是，“延年益寿”锦在俄罗斯米努斯辛克、中国新疆楼兰和民丰均有发现；“万世如意”锦出现在中国内蒙古扎赉诺尔和中国新疆民丰两个地方；“广山”锦在蒙古诺因乌拉和中国新疆楼兰都有出土；“登高”锦则分别出现在楼兰的遗址、邺城的产品名录和建康的消费记载中，这些均实实在在地反映了云气动物纹的流行。

云气动物纹样的流行反映了当时的思想文化与社会面貌。秦汉帝王都十分热衷于源自道家和荆楚巫术的神仙学说。他们登泰山封禅，建仙阁灵宫，在宫室里“作画云气车，及各以胜日驾车辟恶鬼”，其目的是招仙入室或引魂升天。因此，当时多以为只要将自己的宫室布置成云烟缭绕或瑞兽丛生之状，就可以使自己更加接近神仙。神山就是人与天相通的地方之一，仙人们也会经常光临，而这些瑞兽、仙人往往能帮助自己灵魂升天或是保佑自己长寿，使自己得到不死药，甚至保佑子孙绵绵无极。这一思想，在织锦的铭文中得到了明显的反映。

神仙思想不仅反映在织锦图案上，在当时众多的艺术品中更是如此。东汉至魏晋的画像石上就有很多云气动物纹样。画像石上的铭文详细地描述了图案，与织锦上的云气动物纹样基本是一致的，其他如东汉时兴起的神兽镜和画像镜上的铭文，其题材大多与神仙思想有关；金银错和博山炉等铜器上的纹样亦是如此。这样，与人们生活密切相关的一些工艺美术品多是相似题材、相似风格，如山西右玉西汉墓出土的胡傅温酒樽（图2–3）。这些工艺美术品形成了一种时代特色，李泽厚认为这是楚汉浪漫主义的潮流，是气势和古拙的结合。

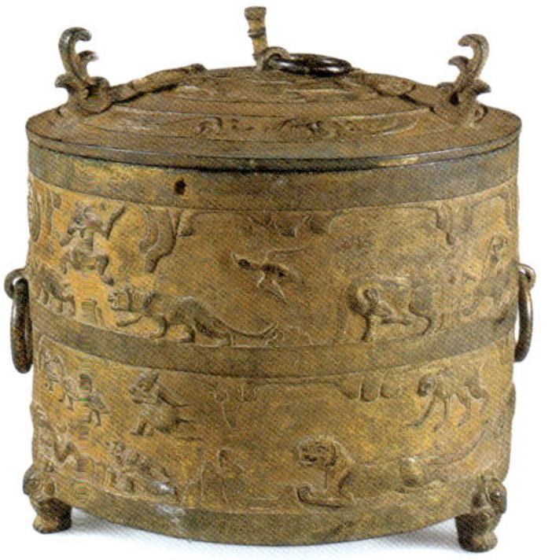

图2–3 山西右玉西汉墓出土胡傅温酒樽

五、工艺特点

云气动物纹样的其中一个特点是经向循环小而纬向循环大。除了诺因乌拉出土的鸟树山石纹锦一个循环中的夹纬数（等于提花综片数）约为350根[1]之外，其他云气动物纹锦的夹纬数一般在80根以下。例如，“长乐明光”锦夹纬较多，为71根，“登高”锦和“永昌”锦均为56根，“广山”锦更少，为36根，“延年益寿”锦虽然一个循环中夹纬数为66根，但由于相邻两根纬上的丝两两规律相同，故实则需要33片花综。2013年，四川成都老官山汉墓出土了四台勾综式提花织机（图2–4），为我们解密了汉代提花技术。机上的提花综片数不能任意增大（史传陈宝光妻所用织机为120镊，即用120根织花杆或提花综片，已是用综之极限），而一般织物用综少，经向循环自然就小。因此，虽然云气动物纹锦经短纬长的特点与当时的艺术背景有关，但更重要的原因还在于织造技术的限制。

云气动物纹样在汉魏时期盛极一行，但后来便悄然隐去，其原因是多方面的：魏晋南北朝社会的动乱导致其图案的简单化，文化交流降低了其在丝绸图案中的地位，织锦中心由中原向巴蜀的转移也使丝绸图案风格的变迁变得更容易。而关键是织锦技术的变迁（束综提花和纬显花），更使云气动物纹样不再适应，终于悄然隐去了，但对于它的艺术成就，我们在赞叹之余亦应加以总结。其实，如此飞动的云气动物纹样并非毫无章法，而是有明显的程式可循的。两件通贯全幅的穗云式纹锦——“韩仁”锦与“延年益寿”锦，虽然动物的题材不同，但所用的云气骨架完全相同，连穗状云的分布亦相同，在山云式云气动物纹锦中，几乎所有的云气骨架均呈曲波形，只是有时明显，有时不易注意到罢了。

图2–4 四川成都老官山汉墓出土提花织机模型

［1］ Riboud, Krishna. A Detailed study of the figured silk with birds, rocks and trees from the Han Dynasty [J]. *Bulletin de Liaison, CIETA*, 1977, 45: 51—60.

6. 杯纹的变奏

杯纹事实上是一种变形的菱形纹，也可以被看作一种介于大小几何纹样之间的纹样。汉代刘熙《释名》载：“绮，欹也，其文欹斜不顺经纬之纵横也，有杯文，形似杯也。”出土织物中确有这类织物，形状极似耳杯，只是尖头而已。最为重要的是马王堆汉墓出土的杯纹绮和杯纹罗，此外在长沙楚墓出土的彩绘俑服饰中亦有此类杯纹。还有一大批由杯纹打散之后重构的几何纹，在西汉初期的经锦和绒圈锦上经常可见。有时杯纹还与云纹、动物纹相结合，成为这一时期的典型代表。

a	b
c	d

a. 杯纹罗
b. 小几何纹绒圈锦
c. 小几何凸纹锦
d. 菱格纹绮

7. 长寿乘云

据汉代郭子横《汉武洞冥记》记载，汉武帝元鼎元年（前116年）起仙灵阁，编翠羽麟毫为帘，有连烟之锦。这里的“连烟”指一些反映神仙环境的云气纹样。事实上，西汉的丝绸刺绣上首先开始出现单独的云气纹样。最为著名的是马王堆的云气纹刺绣，包括长寿绣、信期绣和乘云绣。总体来说，云气块面较大，形成的效果也特别生动。它们的造型有可能由光的概念而来，表示长寿、长命之意，与汉代的求仙思想相一致。同时，也有可能来自某种较为具体的实物，如乘云绣的纹样中有一鸟头，或为乘风鸟之头。而蓝地立鸟云纹锦的纹样造型或与薰炉中的香烟有关。

a	b
c	d

a. 星云纹绣罗裲裆
b. 绢地云纹锦缘草编盒
c. 绢地云气纹印花草编盒
d. 蓝地立鸟云纹锦

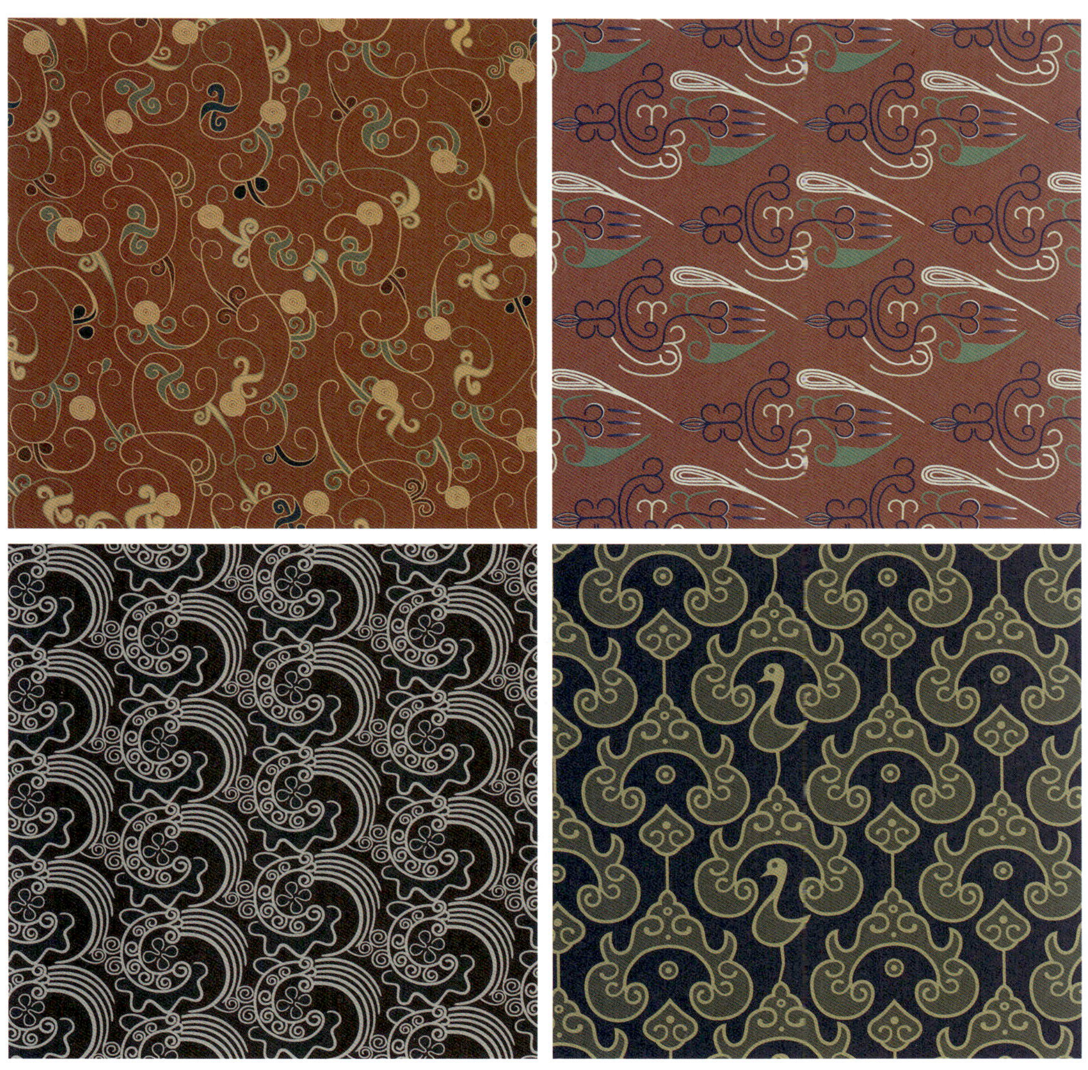

8. 如意之云

到东汉及魏晋时期，云纹中大量织入汉字。新疆民丰尼雅遗址出土的“万世如意”锦是其中较为经典的一件，在华丽旋转的云气纹样之中，织工们把带着祝福的词语“万世如意”织入其中，表达了人们的某种意愿。另一件云纹织锦图案则较为拘谨和简单，但织入的汉字更为奇特——“王侯合昏千秋万岁宜子孙”，它有可能来自中原的官营作坊。此外，新疆楼兰有“乐”字锦、“无极”锦，内蒙古扎赉诺尔有“如意”锦等出土，其中的云纹虽然循环大小不同，但总的来说其纹样造型与长寿绣相一致，带有较大的如花穗的烟状云。

a/b

a.“万世如意”锦袍
b.“王侯合昏千秋万岁宜子孙”锦被

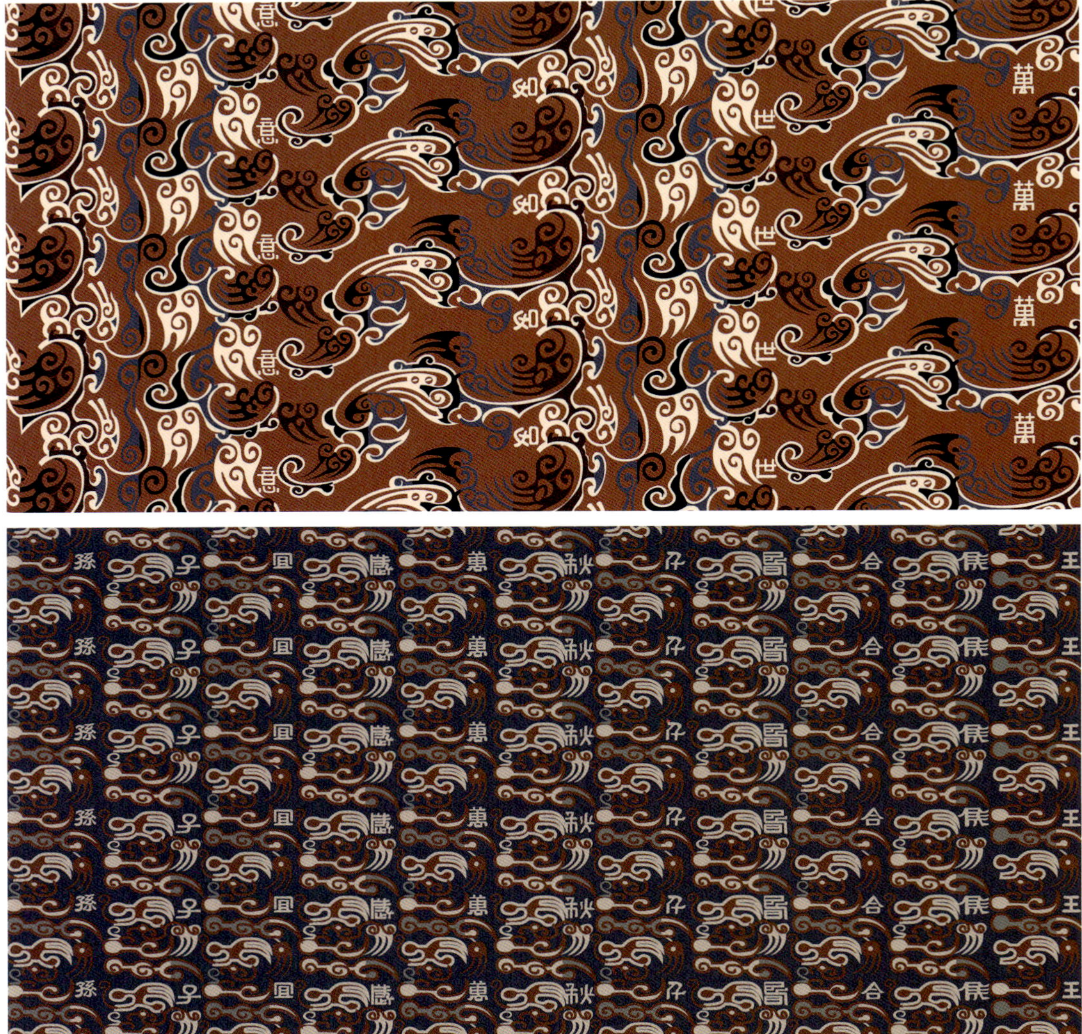

9. 穗状连云

云气原是一种虚无缥缈的东西，往往使人产生一种神奇的感觉，并由此引起无数联想，各人的联想不同，则出现的形象亦有不同。在汉初的云气纹样中，有一类指的是带有花穗般云朵的云气。考古发掘者一般称其为“穗状流云”，所以我们也称其为“穗状云”，凡有穗状云参与的云气动物纹锦就被称为“穗云式云气动物纹锦”。这种锦的图案场面一般十分宏大，属于自由云气式构图，往往延至通幅，而穗状云仅在局部点缀。也有人将这种穗状云称为“叉状云”，因为其形状颇似西餐中的刀叉。

a. “延年益寿长葆子孙”锦
b. “安乐绣文大宜子孙”锦

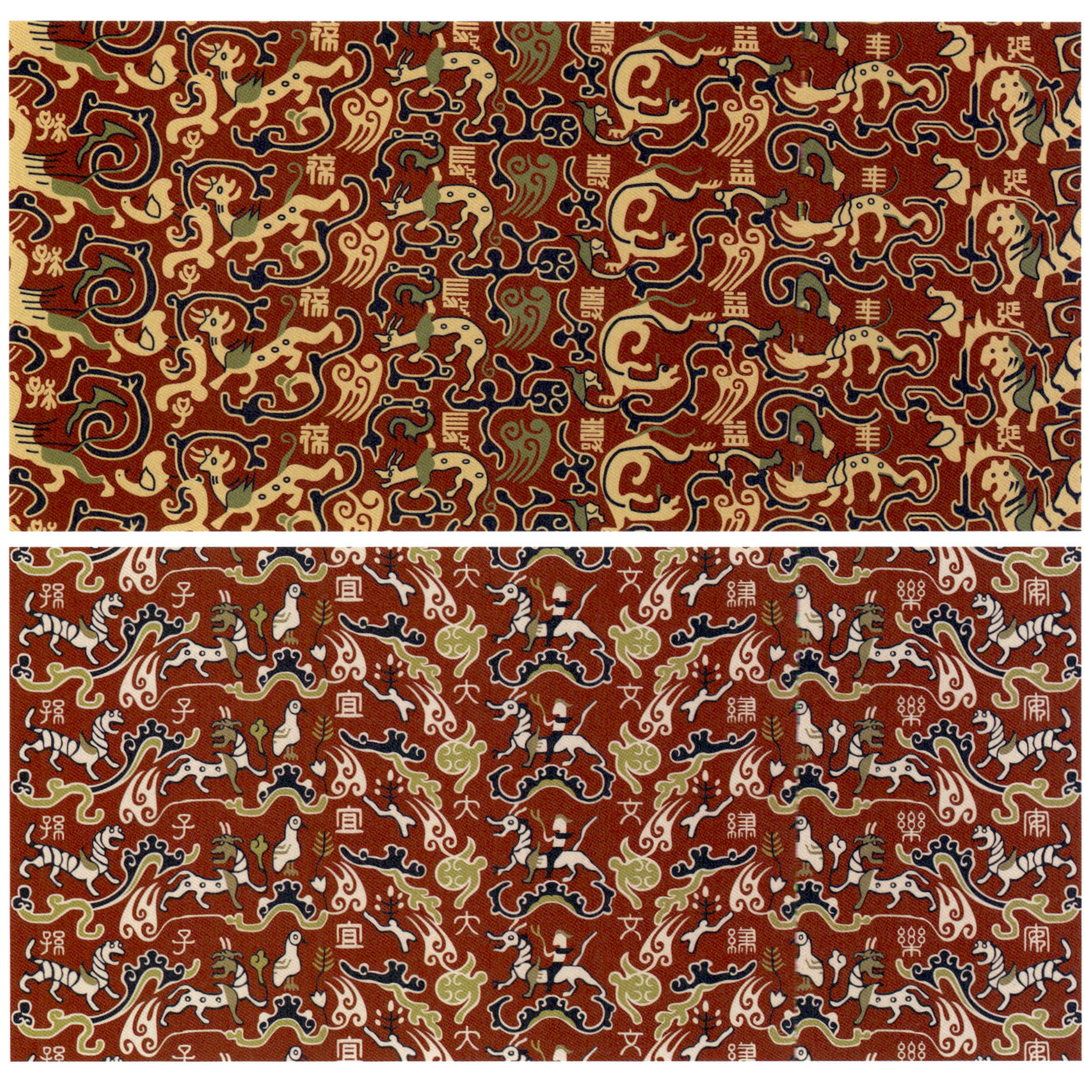

10. 登高明望四海

除了穗状云，汉代云气动物纹另中有一类可以被称为“山状云”。《邺中记》记载，后赵织锦署中生产的锦中有博山锦和“登高”锦。博山锦虽无出土，但“登高”锦已在新疆楼兰和营盘被发现，上有文字“登高明望四海贵富寿为国庆”等。从锦名来看，它们均与山有关，从纹样上看亦有一定的共同特征。云气呈连续无间断状，较多地显示山的特征，如有山坡与岩石出现，甚至有时还有植物。新疆地区出土的大部分汉晋织锦均属此类，“五星出东方利中国”锦护膊从图案上看就属于山状云。与汉代流行的博山炉及西汉金银错铜车饰比较，可知这些云气动物纹样描绘的其实是仙山仙境。

a
b
c

a. “五星出东方利中国”锦护膊
b. “中国大昌四夷服诛南羌”锦
c. “千秋万岁宜子孙”锦枕

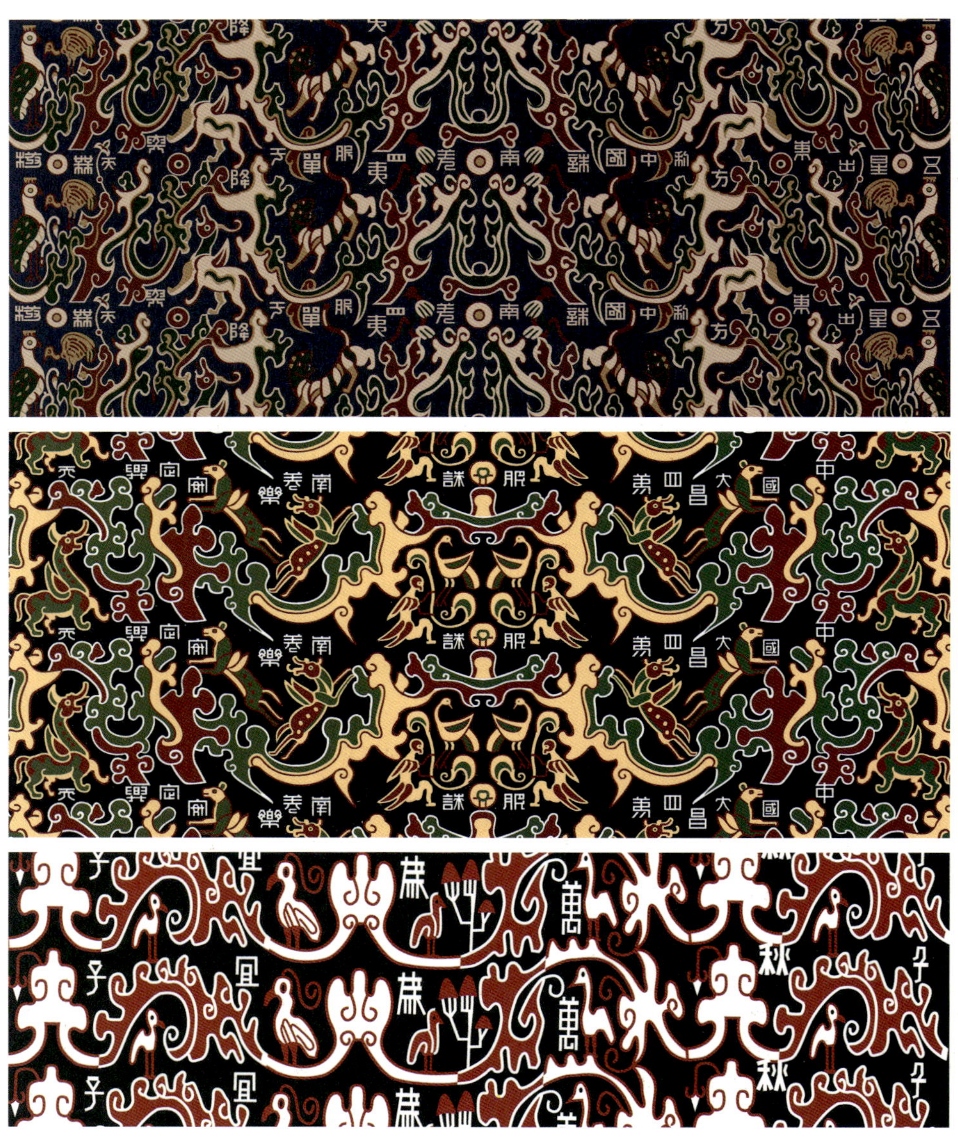

11. 简化的博山瑞兽

从山式云气动物纹锦中还能看出一类简化了的山状云，这类纹样应是由普通山状云简化而成的。云气的总结构呈曲波形，变化较少，穿插动物亦少，有时还插入柿蒂纹等装饰纹样。这类织锦以诺因乌拉墓发现的“威山”锦和楼兰发现的“广山”锦为代表，上有豹、狮等瑞兽在云间行走。此外，尼雅遗址出土的人物禽兽纹锦、楼兰出土的瑞兽纹锦和吐鲁番出土的夔纹锦等也可以成为这类图案的实例。与《邺中记》所载的后赵织锦署中生产的博山锦相比对，可知这类织锦图案有可能以仿博山炉上的仙山瑞兽造型为主。

a
b | c

a. 人物禽兽纹锦
b. 瑞兽纹锦
c. 夔纹锦

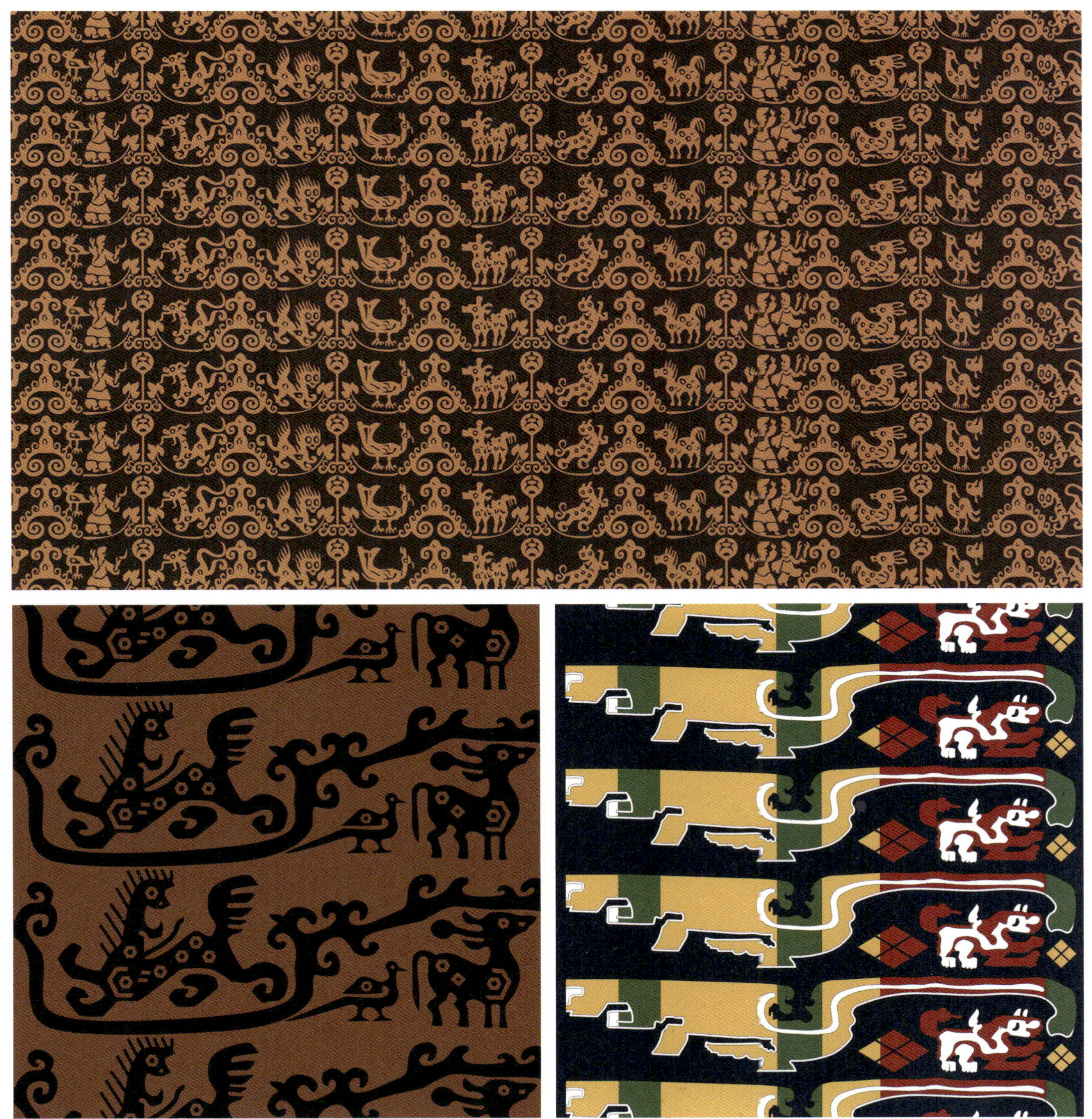

12. 兽面与连璧

汉代史游《急就篇》描写织锦纹样时提到了“豹首”，魏文帝曹丕《与群臣论蜀锦书》中也提到洛阳生产虎头锦，说明当时有兽头纹样出现在织物之上。对照实物可知，在汉绮上更多见一种兽面纹。这种纹样有时与其他纹样一起出现，在新疆楼兰、营盘、尼雅等遗址中都曾出土过此类绮；有时会在菱格形成的骨架中填置对鸟、对兽等纹样，其中有一格就为正面的兽面纹。而在菱格的交叉处，会加上一个圆圈，其实这就是连璧纹，在当时的许多装饰画中可以看到。

a	b
c	d

a. 兽头纹锦
b. 双羊纹锦
c. 菱格辟邪连璧纹锦
d. 兽面连璧纹锦

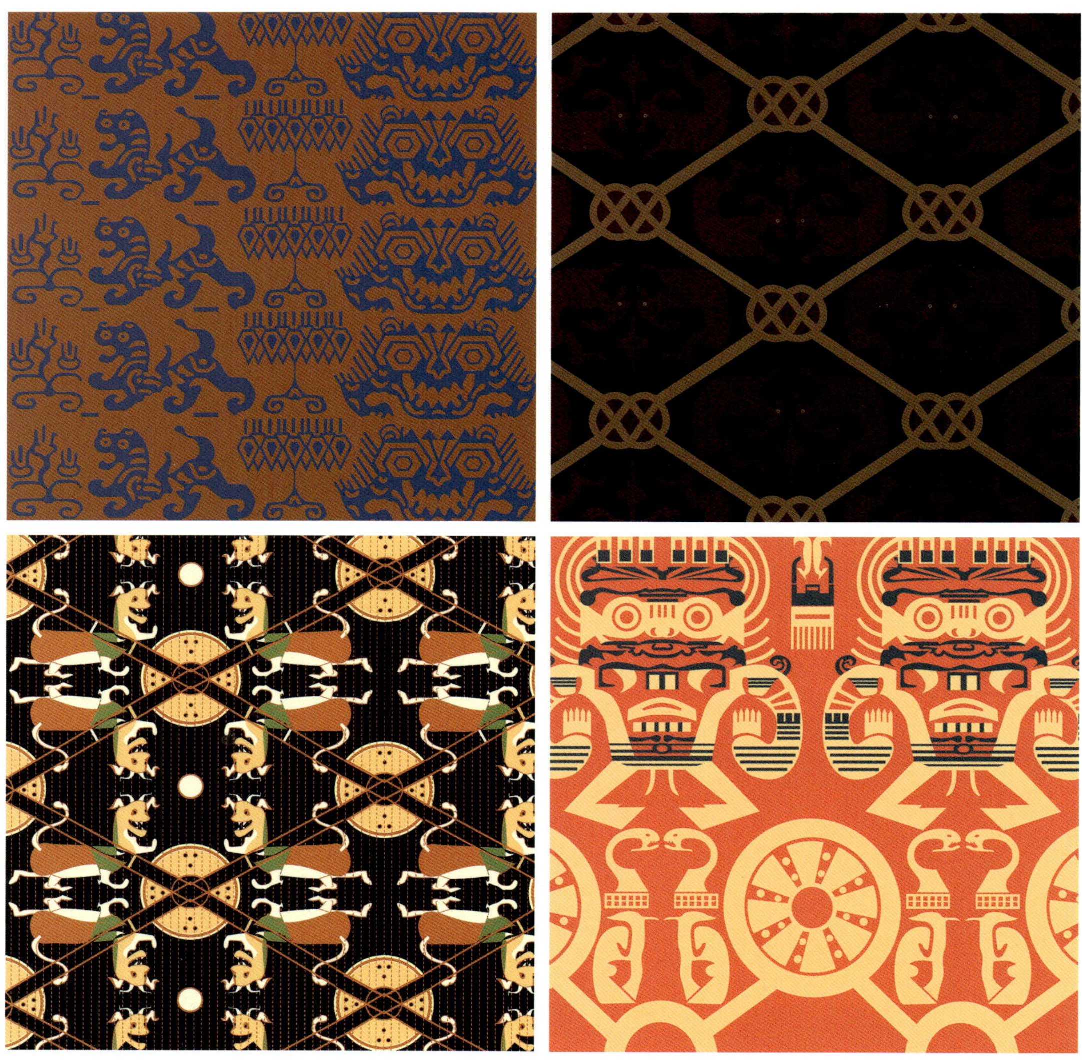

13. 共命鸟

除湖南长沙马王堆之外，西汉刺绣还出现在江苏东海尹湾、山东日照海曲等地的许多汉墓中，基本可以判断其出自盖于棺上的绣衾或绣罩。整件绣衾或绣罩的刺绣总体以长寿绣云纹为地，三条悬幢沿纵向垂下，两旁是凤鸟羽人、神鹿羽人，悬幢之下似为仙人在举行祭典。其中极为突出的形象是位居正中的双鸟或双头鸟。同时，这类图案还与新疆扎滚鲁克和吐鲁番出土的刺绣方巾有共通之处。特别是甘肃花海出土的绯绣裤片上的红地刺绣双头鸟，双喙之间还衔有一根胜，也就是织机上的经轴。由于方胜是西王母的标志性符号，因此，双头鸟代表的也有可能是西王母的坐骑共命鸟。

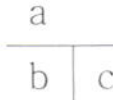

a. 绯绣裤片
b. 凤鸟悬幢纹绣
c. 双鸟纹绣

第三章

东西交融（魏唐）

一、珍禽异兽

汉代动物纹锦上的纹样大多为中国的传统题材，但到魏晋之后，丝织品中开始出现大量新的珍禽异兽，包括国外传入的狮、象、骆驼、羊、鹿、马、猪、孔雀等。

狮：狮子很早就传入了中国，汉代宫廷已有狮子舞，汉画像石上亦有狮子造型，但在丝绸上却迟至北朝才出现。就其艺术造型来看，或许是印度和波斯的狮子对中国产生了较大的影响。新疆吐鲁番出土方格兽纹锦中有狮子图案，狮子图案到唐宋时更为流行。

象：大象产于南亚地区，是当地极为重要的交通工具，象背也是人们表演的场所，所谓“象舞”，就是在象背上表演的舞蹈。中国丝绸博物馆藏簇四联珠乐舞狩猎纹锦上也有象戏的纹样，在大象背上有乐师正在弹奏琵琶。

骆驼：骆驼人称“沙漠之舟”，是丝绸之路上的主要运载工具。北朝起开始大量出现体现牵骆驼贸易的壁画、画像砖、陶器及丝织品等，其中最著名的是新疆吐鲁番出土的胡王牵驼锦（图3-1）及青海都兰出土的对波狮象牵驼锦。

图3-1 新疆吐鲁番阿斯塔那墓地出土胡王牵驼锦

图3-2 新疆吐鲁番阿斯塔那墓地出土对鸟对羊灯树纹锦

羊：羊在中国早有饲养，但北朝之时，一些来自中亚或西亚的羊的形象传入中国，在对鸟对羊灯树纹锦（图3–2）中就可看到这种羊的形象，这种羊长角，通常作站立或蹲踞状。比较波斯器皿上羊的造型来看，可知这是一种山羊，另外还有一种野山羊，一般体形健壮，能作跳跃状。有时山羊还被插上双翼。

鹿：鹿的情况与羊相似，北朝至唐代的鹿纹与中国传统鹿的造型亦有较大区别，被称为“马鹿”或“赤鹿”，体态健壮，雄鹿有角，多达八叉。吐鲁番或都兰所见鹿纹纬锦图案，大多为牡马鹿，如大鹿纹锦（图3–3）中的图案。

马：马是最常见的载人动物，为游牧民族所常用，汉武帝数次征战西域以求宝马。波斯图案上的马身上生翅，在当地亦被视为神灵。这种马的原型来自古希腊神话中的珀伽索斯。北朝末期，天马行空纹传入中国，频繁地出现在织锦图案之中，如翼马纹锦（图3–4）中的图案。

猪：猪通常只以猪头的形象出现，一般青面獠牙。西亚和南亚分布极广的野猪，也经常出现在中亚和西亚的金银器和石刻艺术上，被认为是波斯琐罗亚斯德教中伟力特拉格纳神的化身。隋唐织物中这类例子甚多，如猪头纹锦（图3–5）。

孔雀：孔雀来自南亚，十分漂亮。约在汉代或更早为中原所知，北朝时已见关于金钱

图3–3 新疆吐鲁番阿斯塔那墓地出土大鹿纹锦

图3–4 翼马纹锦

图3-5 新疆吐鲁番阿斯塔那墓地出土猪头纹锦

图3-6 新疆吐鲁番阿斯塔那墓地出土花树对鹿纹锦

孔雀纹罗的记载和对狮对孔雀纹锦的实例。当时的孔雀大多口衔绶带或花，呈一种独特的姿势。这种姿势或与后来粟特锦中含绶鸟的形象有关。

二、从联珠团窠到花卉团窠

联珠团窠原是由西域文化的影响所致，但在隋唐之际，通过隋代何稠仿制波斯锦等事件，这种图案形式已被中原所吸收，出现了一些具有中原特色的联珠团窠。

吸收的第一步是仿制和模拟，何稠就曾成功仿制波斯锦。在初唐至盛唐的丝绸作品中，有几件大型的联珠团窠纹锦确为中国所织无疑。例如，出土于新疆吐鲁番阿斯塔那墓地的花树对鹿纹锦（图3–6），联珠团窠内为对鹿，并有正反汉字“花树对鹿”；现藏于日本法隆寺的四天王狩狮纹锦；出土于青海都兰的大窠联珠对虎纹锦、大窠联珠狩狮纹锦、大窠联珠狩虎纹锦；等等。这类织锦的制作工艺十分精细，均采用S捻纬线显花技术，团窠循环亦相当大。还有一类较小的团窠联珠如对马、对羊、对凤、对孔雀，则采用经线显花技术，风格变化已较大。

当时最为重要的是窦师纶的陵阳公样。这种图案仍然使用联珠纹，但已将联珠纹的主题进行改变。唐代张彦远《历代名画记》载："窦师纶，字希言，纳言，陈国公抗之子。初为太宗秦王府咨议，相国录事参军，封陵阳公。性巧绝，草创之际，乘舆皆阙，敕兼益州大行台检校修造，凡创瑞锦宫绫，章彩奇丽，蜀人至今谓之陵阳公样。……高祖、太宗时，内库瑞锦对雉、斗羊、翔凤、游麟之状，创自师纶，至今传之。"这段文字告诉我们，窦师纶在初唐曾为蜀地设计上贡锦绫图案，并形成一定的风格，这种纹样被称为"陵阳公样"。我们认为，花卉团窠与动物纹样的联合很可能就是陵阳公样的模式，如团窠葡萄立凤纹锦（图3–7）上的图案。

三、雍容宝花

最简单的瓣式宝花其实算不上宝花，人们一般称其为"柿蒂花"。柿蒂花便是四瓣小花，从汉时就开始穿插在锦绫纹样中了，但是迟迟不受重用。约从南北朝起，丝绸中才出现了独立的瓣式小花图案，当然不限于四瓣或五瓣。到隋唐之交时，这种纹样突然变得丰

图3–7 甘肃敦煌莫高窟藏经洞出土团窠葡萄立凤纹锦

满起来，花瓣的轮廓细腻化了，层次重叠多起来了。这样，它就跨入了一个新的门槛，摇身一变，成为宝花。

宝花艺术的发展又可分为两个阶段。第一个阶段是竭尽所能地进行各种变形或吸收新的纹样题材，最初是蕾式宝花，把花瓣与花叶、花蕾结合起来，这些花蕾均取其全侧面，因此初看与花瓣的效果相仿；后来，花蕾所占比重越来越大，装饰手法中采用了多层次的晕繝，宝花更加显得华贵、庄重，使人不觉为之倾倒（图3–8）。这种风格与唐代社会、文化一起，在开元年间达到了全盛。第二个阶段是具有写生味的侧式宝花，此时宝花从天上回到人间，风格逐渐走向写实，变得清秀起来，尽管还有以往的架子，但看起来更像是一簇鲜花，甚至还有一些蝶飞鹊绕的形象进入宝花的领地，其实它已失去宝花那种华贵富丽的气质了。

四、大唐新样

大约在开元年间，引领织锦时尚的蜀锦又开始了一波变化，出现了新样锦，这个变化或许缘自当时主管成都蜀锦生产的皇甫恂。一时间，"新样锦"的名称传遍全国各地，"遥索剑南新样锦""舞衣转转求新样"，以致接任的苏颋向朝廷申请免织新样锦。

不过，这一流行趋势并没有被阻挡。唐文宗即位时对官服图案做了明文变更："袍袄之制：三品以上服绫，以鹘衔瑞草、雁衔绶带及双孔雀；四品、五品服绫，以地黄交枝；六品以下服绫，小窠、无文及隔织、独织。"雁衔绶带和双孔雀的图案已于内蒙古阿鲁科尔沁旗辽耶律羽之墓出土织物上有所发现，经考证应是唐代晚期同名织物图案的沿用。前者是两雁相对衔住打成盘长结的绸带，左右对称，图案循环甚大；后者则是在团窠的外形中以双孔雀衔牡丹花的形式出现。鹘衔瑞草图案应与雁衔绶带图案的情况相近，而地黄交枝图案从名称上来看应属于折枝式图案。所有这些图案与唐高祖、唐太宗时的团窠已有较大区别，这无疑是时尚的改变所导致的。

唐代的史料说明，这类折枝花鸟从盛唐时就开始引起人们的重视，中唐更盛，唐代的贡品中有许多包含折枝花鸟图案的织物。唐代诗词中就有很多诗句对比进行描述。例如，王建《织锦曲》中有"红缕葳蕤紫茸软，蝶飞参差花宛转"，秦韬玉《织锦妇》中有"合蝉巧间双盘带，联雁斜衔小折枝"，章孝标《织绫词》中有"瑶台雪里鹤张翅，禁苑风前梅折枝"，白居易《缭绫》中有"织为云外秋雁行，染作江南春水色"。这些织物的主要用途可能是官服，在图案上也呈现出人们的喜好。这些诗句有许多是在唐文宗明文变更袍袄之制前的记载。从目前所保存的唐代刺绣花边和敦煌壁画上的服饰图案都可以看出此类织物在唐代的流行。

图3-8 宝花纹锦

精选纹样

14. 龟甲和盘绦

平纹纬锦是中亚地区模仿中国平纹经锦的结果。平纹纬锦共有两类：一类用绵经绵纬织成，风格比较粗犷；另一类用平直的长丝纤维织成，风格比较精细。后一类图案多采用无骨架的对称纹样。龟甲“王”字纹锦和“吉”字纹锦均以简单的几何类纹样和仿汉字纹样为主，按纬向排成条状，汉字与几何纹穿插其中，色彩以红、黄、白为主。龟背联珠纹锦在黄色地上以深褐色显花，分别填入龟背、联珠、三瓣花和方格等纹样。

a. 龟甲“王”字纹锦
b. 龟背联珠纹锦
c.“吉”字纹锦

15. 孝姿的衣架

新疆吐鲁番阿斯塔那170号墓的主人叫张洪，此墓中另葬有两女，其中一为张洪妻焦氏，佛名孝姿，死于高昌章和十三年（543年）。墓中所出保存较好的丝织品基本来自孝姿的衣架，种类包括平纹经锦、平纹纬锦、绮、纱、绢等。其中可以找到大量的树叶纹锦，还有吹奏人物纹锦、彩条花卉纹大王锦、几何花卉纹锦、对波云珠龙凤纹锦、红地人面鸟兽纹锦、团窠卷云对兽对凤纹锦、绿地对羊纹锦等平时出现不多的织锦。此外还有一些连图案都不是很清楚的黄色石柱联珠纹绮、天青色楼堞纹绮、褐色大窠联珠狮纹绮、紫色楼堞立人对龙纹绮和黄色龟背纹绮等。

a | b | d
c

a. 对波云珠龙凤纹锦
b. 树叶纹锦覆面
c. 褐色大窠联珠狮纹绮
d. 红地人面鸟兽纹锦

16. 太阳神锦

赫利俄斯是希腊神话中的太阳神，传说他每日驾四马金车在空中奔驰，从东到西，用阳光普照人间。大约在亚历山大东征时，赫利俄斯随之来到东方，并出现在北朝到隋之际的织锦上。出土于青海都兰热水墓的簇四云珠日神锦是西北地区所出各种日神锦中最为典型的一件。其簇四骨架由外层卷云和内层联珠组合成圈，圈间用铺兽和小花相连，圈外是卷云纹以及“吉”和“昌”字，圈内就是赫利俄斯。他头戴宝冠，上顶华盖，身穿交领衫，腰间束紧，双手持定印放在身前，双脚相交，头后托以联珠头光，坐于莲花宝座。下为六马所驾之车，车上有两个持戟卫士，还有两人仅露面部，似为执龙首幡者。两侧圈内为狩猎、搏狮等纹样。仔细分析，可知这一织锦包含来自希腊、印度、波斯、中国等的文化因素。相似骨架和联珠组合圈在簇四联珠乐舞狩猎纹锦中也有使用。

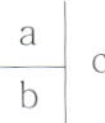

a. 簇四联珠乐舞狩猎纹锦
b. 太阳神纹锦
c. 簇四云珠日神锦

17. 吉祥飞天

在北朝晚期到隋代之间，出现了一类纹样极为细小、表面呈现彩条的织锦，其纹样题材有小花、人物，大多似与佛教有关。例如，新疆阿斯塔那墓地曾出土过一件天王化生纹锦，锦中织出佛教中的化生形象及“天王”二字。此外，阿斯塔那170号墓中也发现了一件彩条花卉“大王”锦，它以橙色作地，白色勾边，纹样主体以蓝色和褐色交替出现。纹样题材有正面的朵花和侧面的小花，类似于忍冬花。整个图案循环在经向很小，在纬向则是呈左右对称排列，循环约为织幅的一半，同时还有主题纹样上的蓝色、褐色交替，所以图案呈现彩条状。同时，图案中还有四个小方框，里面分两次出现“大”“王”二字。

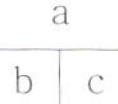

a. 彩条花卉“大王”锦
b. 舞人纹锦
c. 小花纹锦

18. 涡云楼堞

涡状云的形式在希腊、罗马艺术中极为常见，而在中国出现的最早实例是新疆出土的东汉蜡染棉布，基本可以肯定为印度北部的产物。而楼堞或层楼的结构设计则可能是受了西方柱式和圈拱建筑造型的影响。北朝时期，涡云纹样多沿经向呈波状排列，而动物纹样则横向站立。云气构骨呈曲波形，曲波形卷云又直接相连，貌似层层叠叠的楼堞，但从纹样细部来看，这些楼堞结构，实际上是龙的骨架。《大业拾遗记》曾提到“楼堞锦”，有可能就是涡云动物纹锦的反映。

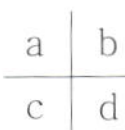

a. “宜侯王”鸟兽纹锦
b. 楼堞纹绮
c. 列堞龙虎凤纹锦
d. 禽兽纹锦

19. 对波卷草

对波卷草纹由联珠或蔓藤形成的波形曲线对称搭接而成，我们称其为“对波骨架”，它的源头从新疆尉犁营盘汉晋墓地出土的鹰蛇纹罽中已可看出，后流行于北朝至初唐。其中的联珠对波骨架应用甚广，空隙中常有对凤、对狮、对孔雀、对龙等动物纹样。到初唐时则流行用缠枝藤蔓构成的对波葡萄纹绫和对波鸳鸯纹锦。与对波骨架基本相同的是交波骨架，如新疆吐鲁番出土的鸟兽纹锦，其风格与簇四骨架有点类似，其中的动物纹样亦非常丰富。

a	b
c	d

a. 对波狮鹿纹锦
b. 对狮对象牵驼人物纹锦
c. 团窠联珠对饮对坐纹锦
d. 对波童子纹锦

20. 隐约的骨架

绮是汉唐的常见品种，组织结构上主要以平纹为地，纬浮显花，这算是一种暗花，只能隐约看出。图案常有骨架。一种是用龙身为之，龙身经向相连，层层叠叠不断，与西藏嘎尔所出“宜侯王”鸟兽纹锦上的龙身骨架相似。龙架之下，中间有一菩萨类坐像，两侧各有一献花人物。坐像之下，有双狮位于“大富贵”三字两侧。龙架之外，有莲花座上演奏箜篌和琵琶的两组人物。还有一件绮上有团窠对狮、对鹿、对麒麟、对孔雀等纹样，团窠之间用小花相连。而这种团窠的形状原是椭圆形，被三次打散重构，最后形成接近圆形的骨架，十分有趣。

a. 交龙人物纹绮
b. 套环狮凤雀纹绮

21. 龟背六出

龟背纹也称“龟甲纹”，这里是指以六边形的联珠或直线为骨架而形成的图案。该图案初始于北魏，最早实例是敦煌发现的刺绣花边，这与宁夏固原北魏墓中发现的棺板漆画风格一致，可以被看作龟甲骨架起源于北朝的一个佐证。另一个实例是出土于阿斯塔那170号墓的龟背纹绮，在六边形的骨架中置以龟形及其他几何纹样。其中的龟纹据说可能是受了印度文化的影响。这类织物一直到青海都兰热水墓中仍有出土，在日本正仓院中也有保存。但有时龟背纹中也会填入其他花卉或动物纹样。

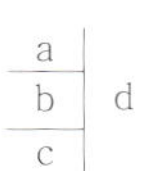

a. 龟背小花纹绮
b. 龟背小花纹绮
c. 龟背纹绮
d. 龟背对鸟纹绮

22. 生命的植物

绿色的植物在丝绸之路沿途被看作生命的象征，因而在各种工艺器具上被广泛用作主题纹样，具有极强的装饰性。这类纹样亦在魏晋之后不断出现，打破了早期丝绸图案仅有茱萸纹等少数植物类纹样的局限，为丝绸艺术注入了新的活力。这类生命树在中国丝绸中的最早实例为北朝晚期到初唐时的对鸟对羊灯树纹锦。新疆吐鲁番文书中有“阳树锦”之名，应即指此。后来在隋代至初唐的联珠内对动物纹样中就更加丰富了。从当时的丝绸图案来看，生命树的选择并不是非常严格的。

a. 云气树纹锦
b. 对鸟对羊灯树纹锦

23. 吐蕃风的劈绣

刺绣是一种简单好学的技术，而刺绣的图案却可以变化万端，丝绸之路上不同民族、不同人群都会根据自己的文化、宗教、审美、喜好等进行创作。在6—8世纪，青海湖西一带由吐蕃统治，吐蕃人好用劈针进行刺绣，称为“劈绣”，常用几何、团花、动物、人物甚至建筑等图像进行装饰。特别是其中的人物，既有现实的又有想象的，如戴羽冠、穿间色裙的舞者，还有戴皮帽、披挂兽皮大衣的人物。

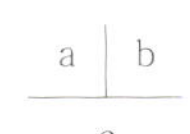

a. 人物花卉纹刺绣袖头
b. 方格纹刺绣靴面
c. 团花纹绣片

24. 敦煌纹绫

唐代流行用绫，甘肃敦煌莫高窟中发现了一批盛唐时期的丝织物，有些虽然称“绮”，但事实上就是绫。其中的彩色绮幡由各色丝织物缝制而成。幡首是白色菱格纹绮，幡身使用的织物从上至下依次为：葡萄纹绮、柿蒂纹绮、菱格纹绮、葡萄纹绮和白色绢。两块葡萄纹绮上的图案很相似，枝蔓形成对波形骨架，与藏经洞所出的一块对波葡萄纹绮很相似。柿蒂纹绮上的图案是四瓣朵花（见图25d），又称“柿蒂花”，有可能就是白居易在《杭州春望》中提到的“柿蒂绫”。

a	b
c	d

a. 菱格纹绮幡首
b. 葡萄纹绮幡身
c. 对波葡萄纹绮
d. 菱格纹绮

25. 小花盛开

初唐开始，小朵花纹样开始流行。这一方面来自汉代以来就有的传统柿蒂纹，另一方面可能来自西域的小团花。最为常见的类型是四瓣的柿蒂花。白居易在《杭州春望》中写道：“红袖织绫夸柿蒂，青旗沽酒趁梨花。”这里的“柿蒂”就是柿蒂花。另有一类或可以称为“十样花”，就是形状像十字、经常位于十字交叉处的花卉。其他的有六瓣、三瓣的花卉等，很难分清具体的花种，但都有趣且很美。

a | b
c | d

a. 梅花纹锦
b. 三花纹锦
c. 朵花纹锦
d. 柿蒂纹绮幡身

26. 几何形散花

几何纹总是流行的，而唐代小花的出现使得几何和小花相结合的纹样开始流行。据《新唐书·车服志》载，高祖时，“六品以上服丝布、交梭、双紃绫，色用黄。到太宗时，七品服龟甲、双巨、十花绫，色用绿”。由此可见，唐代大部分官员的官服是普通的几何小花织物。不过，其实这类图案也在其他织物上出现，不仅包括绫织物，还包括双层织物、中亚纬锦以及灰缬织物。这样的变化数不胜数。

a	d
b	
c	

a. 几何纹锦
b. 菱格忍冬纹锦
c. 几何瑞花纹锦
d. 几何瑞花纹锦

27. 灰缬小花

唐代染缬技术极为发达，其中蜡缬和灰缬的效果比较接近，不易辨认。新疆吐鲁番和甘肃敦煌都有不少防染印花作品，它们一开始被看作蜡缬，但事实上大多是用碱性物质做成的，主要是草木灰、蛎灰等，其花部丝纤维受到损伤，所以可以被称为“灰缬”。这些灰缬的流行时期是盛唐，图案一般为小团花，多为四瓣或六瓣，虽然简洁，但是非常漂亮。而且，唐代灰缬中还有制成两套花纹的，新疆吐鲁番所出的就有土黄地黄、白两套色印花绢和茶褐地绿、白两套色印花绢。

a	b
c	d

a. 朵花纹印花纱
b. 朵花纹印花绢
c. 朵花纹印花绢
d. 朵花纹印花纱

28. 联珠小团花

初唐时期，联珠团窠纹样特别流行，但主要是在斜纹经锦上。阿斯塔那墓地就出土了一批这样的经锦，团窠不大，联珠窠有时带环，有时不带环，不带环时就成为二二正排的散点。窠中的小花有时呈菊花瓣状；有时是一种十样花，结构类似于一个十字。这种织锦在唐代也可能被称为“镜背锦”，因为唐代铜镜背后就有类似的图像。其中最为重要的一点是，我们所知道的最早的用束综提花机织制的经锦，其纹样能够做到经向循环和纬向循环同时出现，而且，在一个门幅中最多可以有12个纬向循环。

a	b
c	d

a. 团花纹锦
b. 十样花纹灰缬
c. 联珠团花纹锦
d. 小联珠团花纹锦

29. 联珠对鸟对兽

联珠团窠的图案中有一类是联珠环里的对鸟或对兽，这类团窠联珠与联珠小花比较接近，它们的排列一般也有两种：一是二二正排的散点团窠，二是环环相接的簇四骨架。前者在初唐时期十分常见，除了团窠小花，还有许多团窠对鸟——有孔雀或凤凰，也有一般的鹊鸟，团窠外布置简单的十字形的宾花等。后者有时被人称作“球路”，但其实应被称为“簇四骨架”。隋代到初唐的簇四骨架中动物逐渐减少，但还有对马、对羊等图案。

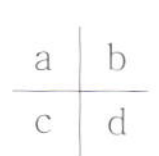

a. 联珠孔雀纹锦覆面
b. 联珠对孔雀“贵”字纹锦覆面
c. 联珠对马纹锦
d. 联珠对鹊纹锦

30. 四天王狩狮

何稠是我国工艺设计史特别是丝绸艺术史上的著名艺术家，祖籍中亚何国，在隋文帝时官至御府监、太府丞，掌管皇家作坊。据《隋书·何稠传》载："波斯尝献金绵锦袍，组织殊丽。上命稠为之。稠锦既成，逾所献者，上甚悦。"我们推测，何稠仿制的波斯锦就是隋代到初唐的大窠联珠动物纹锦，这类动物一般是鹿、狮子、翼马等。现藏于日本法隆寺的四天王狩狮锦也是其中一件经典作品。联珠团窠中间有一棵果树，树两侧上下各有一骑，相背返身射击狮子。上骑马头相对，马臀部烙有"山"字印记，骑士返身拉弓劲射扑上来的狮子；下骑马头向外，马身黑色，臀部烙有"吉"字印记。团窠之外有复杂华丽的宾花作饰，宾花之中还有联珠环的装饰。

四天王狩狮纹锦

31. 陵阳公样

唐代丝绸图案中最为有名的是陵阳公样。据张彦远在《历代名画记》中记载，窦师纶在成都主持官营织造作坊时，创制了瑞锦宫绫，被当地称为“陵阳公样”。其主要形式有对雉、斗羊、翔凤、游麟之状。我们认为，陵阳公样的基本模式就是花环团窠与动物纹样的联合，但其团窠环有三个类型：第一种是组合环，第二种是卷草环，第三种采用花蕾形的宝花形式作环。其动物多为凤凰、鸳鸯、龙、狮子、鹿、孔雀等，大都是中国传统中人们较熟悉和喜爱的形象。

a. 团窠立鸟纹印花绢
b. 宝花对凤纹锦
c. 立狮宝花纹锦

32. 陵阳公样变体

张彦远写作《历代名画记》大约在唐大中初期，当时陵阳公样仍非常流行。事实上，这种影响一直持续到晚唐至宋辽，从这一时期的丝绸图案上就可看出。不过，许多团窠环的形式发生了一些变化：一方面还有变化的联珠环，或是组合的小花环；另一方面，作为主题的动物纹样也开始用四个动物进行组合，有时也会用上喜相逢的旋转循环方式。所有这些，我们都可以将其称作“陵阳公样变体”。

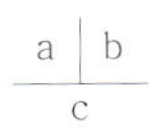

a. 蛱蝶团花飞鸟纹夹缬绢幡
b. 朵花团窠对鹿纹夹缬幡
c. 朵花团窠对雁纹夹缬绢幡头

33. 宝花团窠

与陵阳公样差不多同时开始出现的还有一种非常重要的纹样，就是宝花。“宝花”是唐代对团窠花卉图案的一种称呼，史载越州“贡宝花花纹”罗，就是用宝花来做花纹的罗织物；日本正仓院藏品中亦有“小宝花绫”题记的织物传世，它是一件用小型的宝花团窠做图案的绫。据《新唐书·车服志》载，高祖之时官服用料，“亲王及三品二王后服大科绫罗，色用紫，饰以玉；五品以上服小科绫罗，色用朱，饰以金”。这里的“大科绫罗”和“小科绫罗”，应该就是大窠和小窠宝花图案的绫罗织物，说明团窠宝花图案在唐初已经出现。

a. 宝花纹绫袍
b. 蝶绕莲花团窠纹绫
c. 宝花纹锦

34. 宝花经锦

宝花有着自己的发展过程。最简单的宝花人们一般称其为“柿蒂花”，在汉代已经出现。到隋唐之交，这种纹样突然变得丰满起来，花瓣的轮廓细腻化了，层次重叠多起来了，摇身一变就成了宝花。不过，这种宝花在早期主要出现在经锦上。最初是蕾式宝花，把花瓣与叶、花蕾结合起来，这些花蕾均取其全侧面，因此初看与花瓣的效果相仿。后来花蕾所占比重越来越大，装饰手法中采用了多层次的晕繝，其华丽使人不觉为之倾倒。

a	b
c	d

a. 百衲经巾锦缘
b. 宝花纹锦
c. 宝花纹经帙锦缘
d. 团花对鸟纹锦

35. 宝花纬锦

宝花纹样随着纬锦的出现和大量使用而变得更加华丽、华贵、庄重，更在开元、天宝年间达到了全盛。当时的宝花，渐渐成为有着写生味的侧式宝花，宝花从天上回到人间，风格逐渐走向写实，变得清秀起来，尽管还有以往的架子，但看起来更像是一簇鲜花，甚至在花的周围还出现了蝴蝶和鸟鹊飞舞环绕的景象，但它已失去宝花那种华贵富丽的气质了。从中亚地区壁画和敦煌藏经洞所出实物来看，宝花图案还曾影响到中亚的织锦设计。

a	b
c	d

a. 宝花纹锦
b. 宝花纹锦
c. 宝花纹锦
d. 宝花纹锦

36. 夹缬宝花

关于夹缬的起源，宋代王谠《唐语林》中所言最详而可信：“明皇柳婕妤，有才学，上甚重之。婕妤妹适赵氏，性巧慧，因使工镂版为杂花，象之而为夹结。因婕妤生日，献王皇后一匹，上见而赏之，因敕宫中依样制之。当时甚秘，后渐出，遍于天下，乃为至贱所服。”目前所知夹缬实物，最早的出于阿斯塔那墓地，但最多的出于敦煌莫高窟藏经洞。其中有不少是宝花图案，一般配色多达三四种，也有单色的宝花纹灰缬绢。

a	b
c	d

a. 花叶纹夹缬绢经面
b. 宝花纹灰缬绢
c. 花卉纹夹缬绢幡身
d. 花卉纹夹缬绢

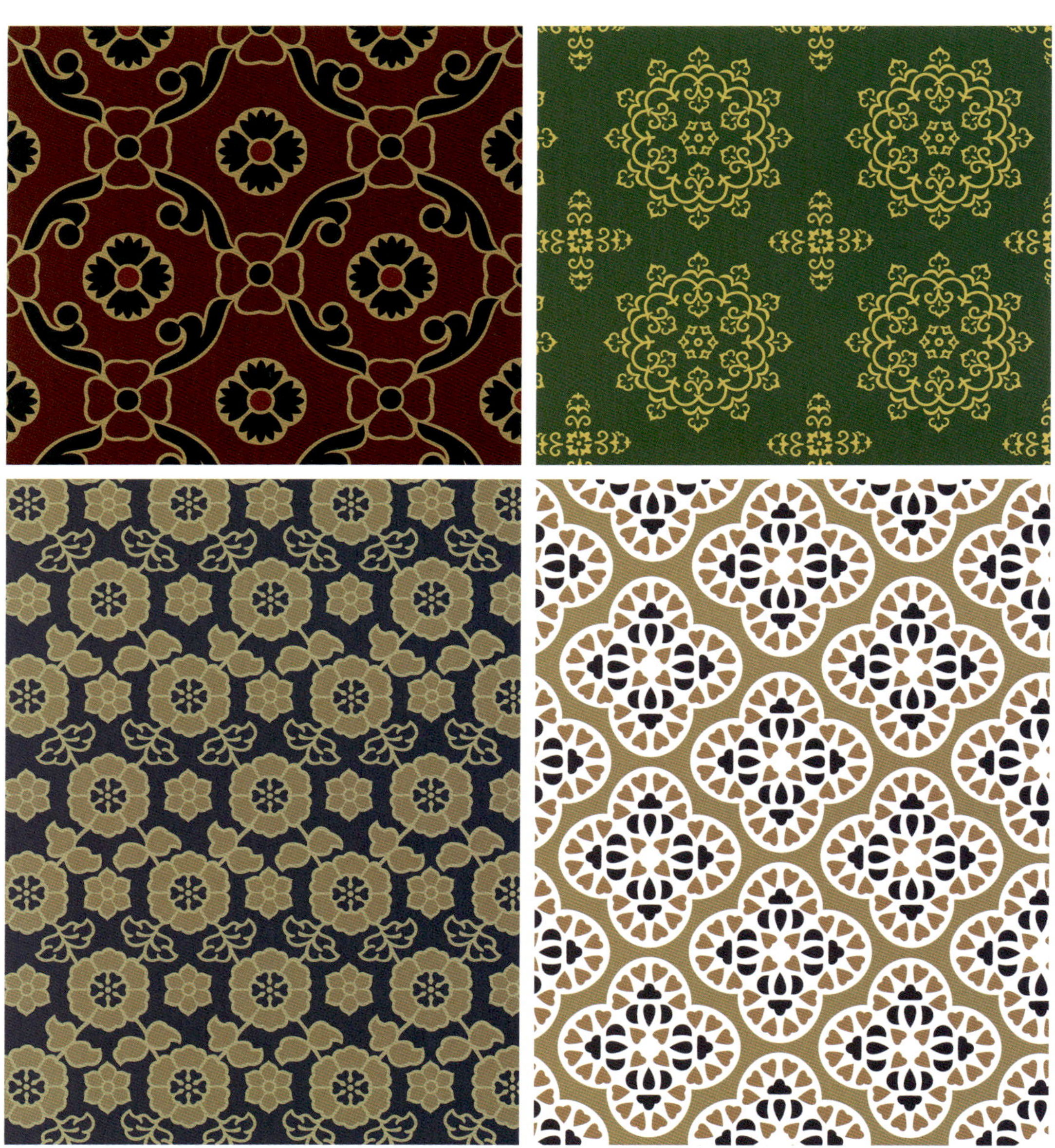

37. 对鸟衔绶

据《新唐书·车服志》记载，唐代官服图案在唐文宗即位时明文规定：“袍袄之制：三品以上服绫，以鹘衔瑞草、雁衔绶带及双孔雀。”从出土实物来看，这类鹘衔瑞草、雁衔绶带和双孔雀的图案大多以对称的形式出现，甘肃敦煌莫高窟藏经洞发现的一件孔雀衔绶纹绫采用的正是这样的构图。而辽耶律羽之墓中发现的一件雁衔绶带纹锦上的图案，经考证应是唐代晚期同名织物图案的沿用，两只大雁各自站在一个花盘上，雁身相对，雁喙衔住打成盘长结的绶带，应是当时观察使等文官的官服上的图案。

a. 孔雀衔绶纹绫

b. 雁衔绶带纹锦

38. 联珠团窠纬锦

大窠的联珠纹用于丝绸图案最早见于北齐徐显秀墓壁画中对服饰的描绘，它是一种以菩萨头像为主题的联珠纹。从实物来看，这类大型团窠的织锦主要出自阿斯塔那墓地，年代局限于初唐时期。从组织结构上看，这类织锦大多属于斜纹纬锦，其上的联珠团窠直径多为10—15厘米，团窠中最为流行的母题有野猪头、独个的大鹿、对鸭、对鸡等，团窠之间一般为比较简单的几何纹，图案的勾边往往比较粗糙，不够精细。从技术上看，这类织锦属于中亚体系的斜纹纬锦，可称“粟特锦”或“番锦”。

a	b
c	d

a. 联珠对鸟纹锦
b. 朵花纹印花绢
c. 团窠对鸭纹锦
d. 联珠大鹿纹锦

39. 藏经洞番锦

甘肃敦煌莫高窟藏经洞里也出土了不少属于中亚的斜纹纬锦。从敦煌文书来看，当时人们应该称其为“番锦”，以张为单位，每张的尺寸大约是长2米、宽1米。敦煌文书中记载的番锦用作大型伞盖，上有五色鸟和狮子纹样。藏经洞出土的番锦主要被用作经帙的包边，图案基本是团窠，但团窠环的造型稍有变化，有联珠纹，也有小花瓣纹、三角形的尖瓣纹等，主题纹样则包括带着长叉的野山羊、威猛的狮子、用花卉装饰的鸭子、站立展翅的鹰，还有一般的花卉。

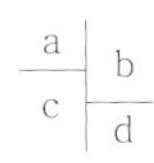

a. 联珠对羊纹锦缘经帙
b. 团窠对狮纹锦缘经帙
c. 联珠花树卷草纹锦
d. 团窠对鸭纹锦

40. 吐蕃番锦

青海都兰吐蕃墓出土了大量被认作中亚纬锦的实物，其中有与敦煌文书中记载的五色鸟番锦相似的织物。这类五色鸟锦类别很多，一般以暗红色作地，有青、绿、黄、白等色显花。团窠环多用花瓣，也有小花对头接成的花环。窠内五色鸟有单立，也有对立，喙上多衔绶带，常被称为“衔绶鸟”。窠外多为十样花，但时有小型动物或者别的纹样。除了最为常见的五色鸟外，窠内还有新月、翼马、狮子、对牛、对羊、对鹿等。

a. 彩绮缘联珠新月纹锦覆面
b. 团窠对牛纹锦
c. 团窠对鸟纹锦
d. 团窠对鸟纹锦

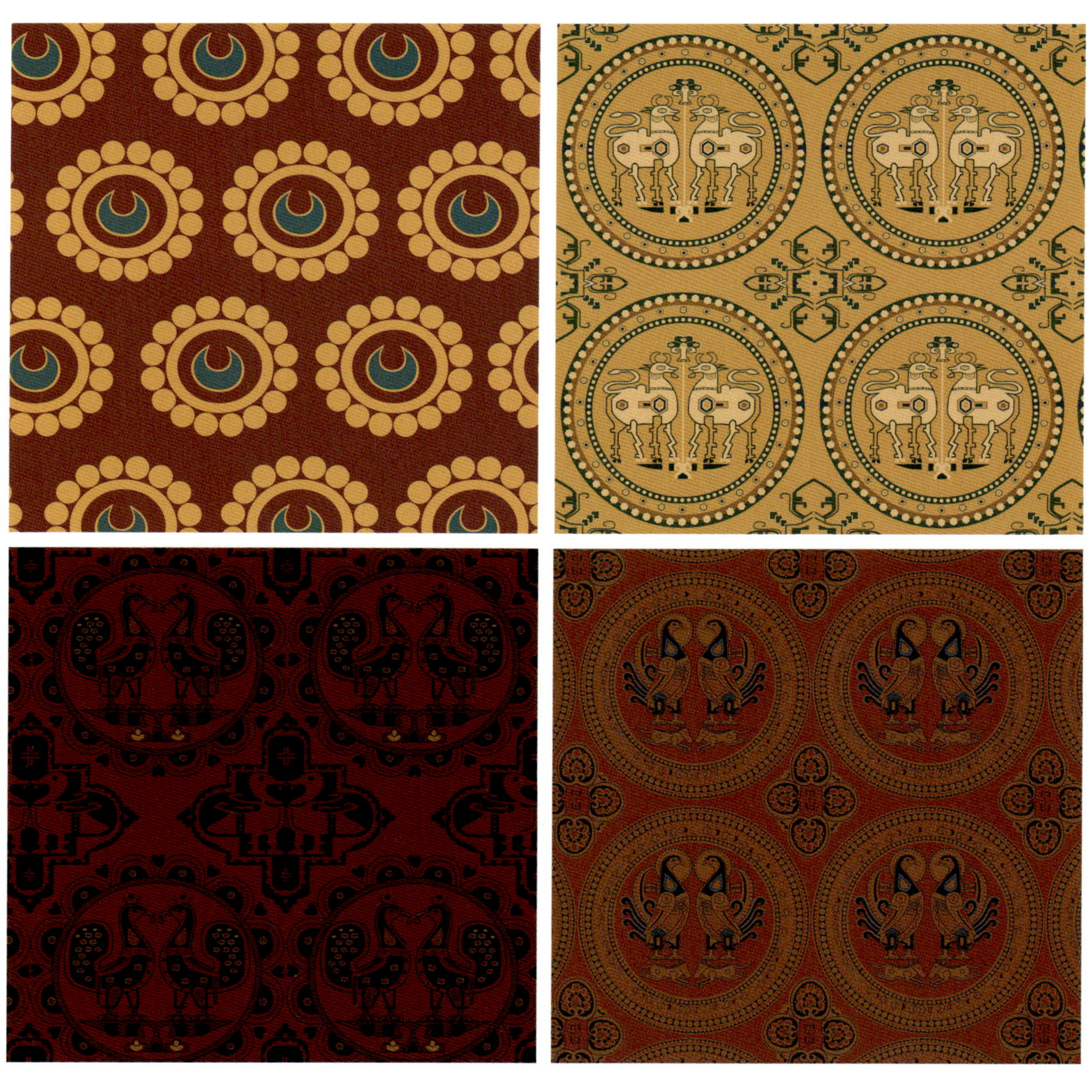

41. 大兽无窠

中亚纬锦虽然流行用团窠纹样，但其实也有部分不包含团窠环的实例存在。与埃及安底诺伊出土的大量纬锦或伊朗塔克波斯坦石刻上的波斯王锦袍上的纹样比较，我们可以推测，这样排列的图案或来自西亚。图案中有不同造型的翼马纹样，说明翼马确实是当时最受欢迎的题材之一。此外，大角羊的造型也与埃及出土的实物图案完全一致。狮、牛纹样，以及狮牛交替排列的纹样，也是当时十分有趣的案例。

a. 大角羊纹锦
b. 翼马纹锦
c. 对马纹夹缬绢

42. 花鸟之门

拱门在西方的建筑中较为常见，如罗马斗兽场内的拱门，两侧是圆柱支撑，顶上有拱形圈梁。这样的图案设计也和当时其他织物上的楼堞纹相似。这里的两幅织物图案均是中亚风格，对鸟纹锦的拱门由心形和联珠构成，门内有一对鸟，鸟身细长，非常优雅。花树纹锦的拱门也是心形和联珠，门内却是一朵侧花，此花与当时中亚织锦的宾花十分相似，但只是取了整个花朵的四分之一。所以，这类图案也应被认为来自中亚或西亚。

a | b

a. 对鸟纹锦
b. 花树纹锦

43. 折枝花鸟

大约从盛唐起，唐式花丛中的鸟兽纹开始流行，后来形成折枝花鸟纹。这类纹样在日本正仓院的实物中可以看到，在唐代史料中也有很多反映，很有可能就是当时的新样。“舞衣转转求新样”“遥索剑南新样锦”，许多唐诗也写到其纹样的具体组合。例如，王建《织锦曲》中写到蜀锦图案中有“蝶飞参差花宛转”，秦韬玉《织锦妇》中的织锦图案有“联雁斜衔小折枝”，章孝标《织绫词》写的是浙南一带绫的图案中的“鹤张翅”和“梅折枝”。这些都属于折枝花鸟纹样。

a. 花卉纹刺绫
b. 朵云花卉纹印花绢
c. 花卉纹锦
d. 鸟衔花枝纹刺绣

44. 葡萄纹

葡萄据说是由张骞出使西域时带回中原的，东汉末期已经出现于丝绸图案上。新疆民丰出土的鸟兽葡萄纹绮就是一例，叙利亚帕尔米拉出土的汉式织锦中也有葡萄纹样。另据汉代刘歆《西京杂记》载，汉时已有蒲桃（葡萄）锦；《邺中记》也说，后赵石虎生产蒲桃（葡萄）锦。葡萄纹样的流行，在唐代更甚。唐代中晚期的杭州诗人施肩吾在《杂曲歌辞·古曲五首》中写道："夜裁鸳鸯绮，朝织蒲桃绫。"此类丝织葡萄纹在敦煌壁画中有反映，在青海都兰有出土，在日本正仓院也有收藏，已是四方连续的大花卉纹样。

a. 缠枝葡萄纹绫
b. 缠枝葡萄纹绫

45. 自由的场面

唐代丝绸中有大空间中的自由散点排列，狩猎纹是最好的实例。狩猎在唐代多是皇室和贵族的消遣，或是时尚的运动。吐鲁番曾出土狩猎纹印花织物，有的图案较大，烙有“飞”字的骏马向前飞奔，骑士于马上回身张弓搭箭，狮子迎着弓箭张牙舞爪。有的排列分散，扬鞭催马者、前射者、回射者、奔鹿、驰兔、飞雁、杂花小树、山石等均散点排列，场面十分宏大。同样出自吐鲁番的还有胜金口的一件飞凤蛱蝶团花纹锦，其上也是一种自由的排列。

a | b

a. 飞凤蛱蝶团花纹锦
b. 狩猎纹印花纱

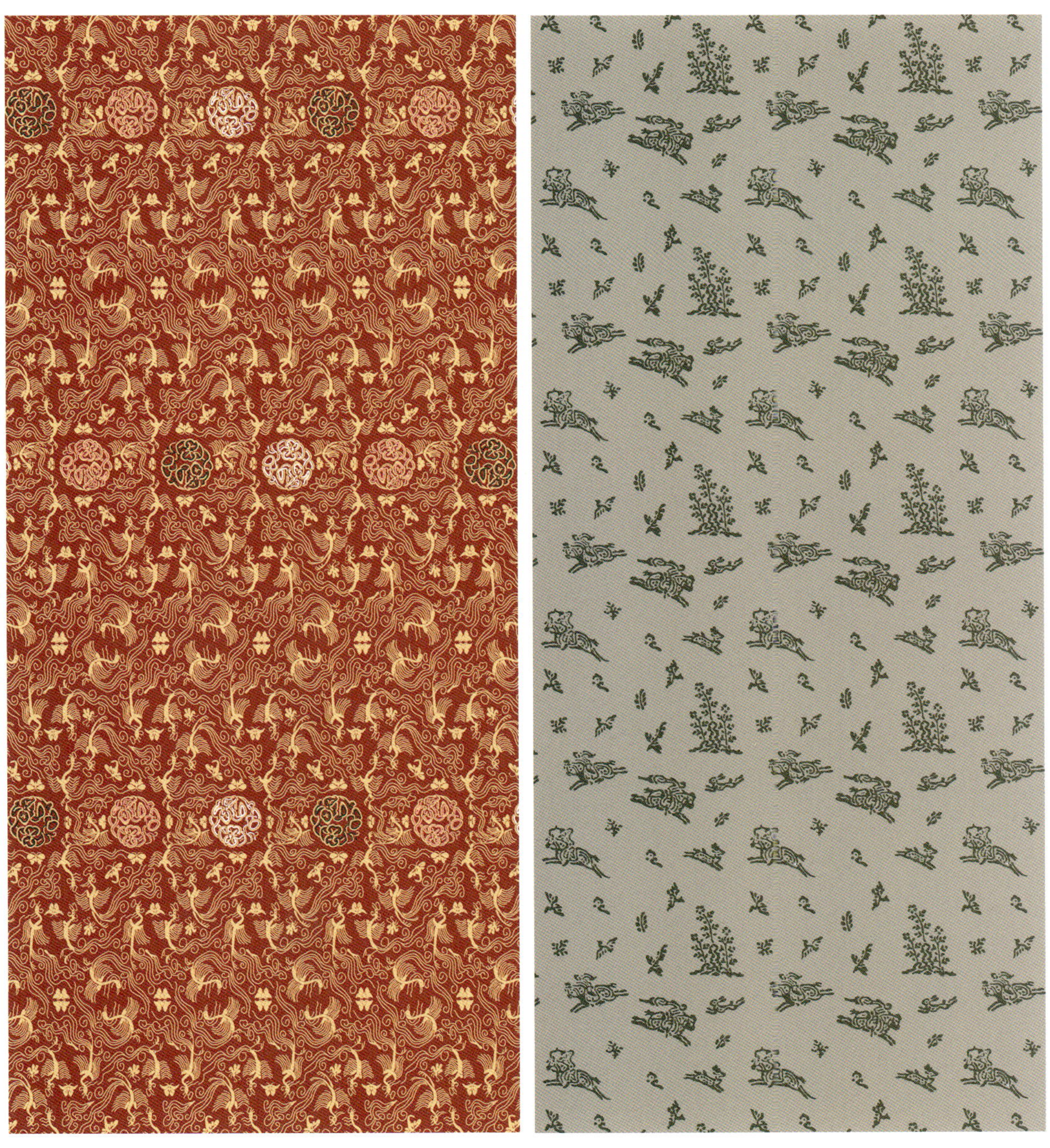

46. 布扎克锦绫

新疆和田布扎克墓地曾发掘了三座墓葬，分别出土了穿着红衣和白衣的两具女尸，以及一具男尸，身上的服饰都保存不错，有锦、绫、刺绣等，图案也很精美。最值得注意的是红衣女尸身上的红绮圆领长袖连身褶裥裙，裙的面料是暗红色菱格纹绮，她还穿着棕黄色几何纹锦鞋。白衣女尸的暗红色卷云纹绫枕，以及男尸所用的卷草纹白绫片（上有汉文墨书：“夫人信附，男宰相李枉儿”），是目前所知仅有的于阗国时期的丝绸实物，十分珍贵。

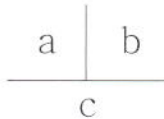

a. 红色卷草纹绫枕
b. 卷草纹白绫片
c. 几何纹锦鞋

47. 壁画上的外来图案

甘肃敦煌莫高窟壁画上有大量的丝绸图案，常沙娜、黄能馥、李绵璐曾对其做过十分全面的临摹。从中可以看出，隋唐较早时期的敦煌丝绸图案与当时出土的织锦图案十分接近，而且可以看出当时的图案深受西域影响。例如，对波或菱格骨架的联珠小团花、联珠立狮立凤是初唐时期十分流行的经锦图案，大团窠联珠纹中的翼马和狩猎纹有可能是隋代何稠仿制波斯锦的产物，而中唐时期大型瓣窠含绶鸟锦就是敦煌五色鸟番锦的真实写照。

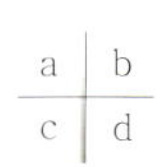

a. 联珠小花纹
b. 菱格联珠立凤纹
c. 大窠联珠翼马纹
d. 瓣窠联珠衔绶鸟纹

48. 敦煌晚期图案

从盛唐开始，敦煌壁画中经常出现典型的宝花纹样，这类宝花是明显的唐式纬锦图案，甚至连上面织出的用于裁剪的区域都画出来了。到了中唐之后，敦煌壁画上更多的是写生的花鸟纹样，这类纹样可以被称为“唐草”，多是对称的花树对鸟，也有折枝花鸟，对应的分别是实物中的刺绣和绘画。同类图案，也可与陕西西安法门寺出土的晚唐时期的皇家丝绸实物相对照。

a | b | c / d

a. 雁衔花枝纹
b. 缠枝纹
c. 花簇纹
d. 花簇纹

49. 绢画上的图案

此四幅图案采自新疆吐鲁番阿斯塔那墓地出土的绢画人物服饰，其中一幅出自日本大谷探险队发掘所得的《胡服美人图》，一幅出自张礼臣墓出土的《乐舞图》，一幅出自阿斯塔那许多墓中都出的《伏羲女娲图》，一幅出自187号墓出土的《弈棋仕女图》。这些图多为唐代屏风绢画，一般表现乐伎、舞伎、贵妇等盛装女性的形象，是大唐绮罗丽人的真实写照，也是珍贵的早期仕女画。纹样分别为宝花、缠枝莲花、联珠团花和紫藤花。宝花是唐代最具代表性的团窠花卉形式；缠枝莲花也是从唐代开始流行的，是卷草纹样的一种表现形式；联珠团花受西域文化影响，后渐有中原特色；紫藤花纹样呈散点排列，清新淡雅，已具后世折枝花的雏形。

a	b
c	d

a.《胡服美人图》
b.《乐舞图》
c.《伏羲女娲图》
d.《弈棋仕女图》

50. 传世唐画中的图案

此四幅图案采自唐、五代人物画《内人双陆图》《簪花仕女图》《捣练图》和《唐人宫乐图》上的仕女服饰，这些仕女雍容华贵、面容姣好、体态丰韵、服饰明艳，是大唐盛世繁华的表达，其服饰纹样也反映了一个时代的特征。其中，《簪花仕女图》中的团窠牡丹纹由两朵饱满的牡丹花旋转对称构成团花，正是后世所谓的“喜相逢”构图。菱格和龟背骨架内填朵花的纹样清新优美，是唐代的常见纹样；卷草和团窠瑞花也具有唐代特点；团窠对雁纹来源于唐代文献记载中的雁衔绶带纹样，本是官员服饰图案，五代时也出现在南唐夜宴中的女侍身上。

a	b
c	d

a.《内人双陆图》
b.《簪花仕女图》
c.《捣练图》
d.《唐人宫乐图》

第四章

南北异风（宋辽）

一、团花与团窠

宋辽时期，唐代的风格继续沿用。特别是辽代，其丝绸艺术基本就是跟着唐风走的，团花、团窠等就是极好的例子。

目前所见的辽代团花，总体已从盛唐那样极端的华贵中走出来了，但依然保持着那种构图形式。辽耶律羽之墓出土了一件大窠套环宝花纹绫（图4–1），其图案主花是在八个如意套环套成的团窠环中填以四瓣的宝花作芯，宾花是十样小花，主花二二正排，一幅中共有两窠，是一种属于大窠的两窠纹绫。还有一件套环宝花纹绫的排列虽是二二错排，但其风格仍与前者相去不远。

此外，宋辽时期的丝织图案中也有大量是在唐代团窠排列的基础上进一步发展起来的，这些图案往往在主题纹样周围再加上一圈圈的纹样，如在以小团花为中心的周围加上飞翔的雁或鹤，或是鹭鸶、孔雀、练鹊等，再穿插以各种缠枝花卉。有时，这些鸟也按图案的要求上下左右对称排列，甚至四鸟相对，或旋转对称，另外，在宾花上也是再加以变化，加上鸟类穿插。这样的实例在出土的丝织品中非常多见。例如，新疆阿拉尔出土的北宋时期的簇四盘雕袍上另缝有一片鹧鸪衔瑞草纹锦（图4–2），其中心有一对绕飞的鹧鸪鸟，四周为细密的花卉。

图4–1 内蒙古阿鲁科尔沁旗辽耶律羽之墓出土大窠套环宝花纹绫

图4–2 新疆阿拉尔出土鹧鸪衔瑞草纹锦

二、无骨架排列

这类纹样没有明显的骨架，只是较为自由的造型，在织物上通常也是独幅图案，图案纬向循环通幅，经向循环可达40厘米至80厘米，因此在一件袍服上为多段分布，一般是二段和三段，不超过四段。

最为典型的多段式独幅纹样是内蒙古兴安盟代钦塔拉辽墓出土的雁衔绶带纹锦袍，其图案为一对衔有绶带的大雁，造型非常漂亮，纬向宽度约70厘米，经向高度约40厘米，雁之间的经向间距极小，这样在一个袍身上可以布置三至四对大雁。这件雁衔绶带纹锦袍采用了特殊的裁剪方法，使得袍子的前后身都有四对大雁，而且这些大雁都是正立的。另一件辽耶律羽之墓出土的大雁纹绫也是多段式独幅纹样，但一个门幅中只有一只大雁，裁剪袍服时必须用两幅织物拼成一对大雁。以每只大雁高35厘米、宽30厘米来判断，一件袍服的长度中可排列三对大雁。

多段式袍服纹样中最为常见的是二段式，这样的例子在辽耶律羽之墓出土物中非常多，最为典型的是云山瑞鹿衔绶纹绫袍和葵树对鸟纹花绫袍。前者单幅织物的图案是衔绶而奔的瑞鹿及云山，瑞鹿头顶花盘，嘴衔绶带，身边有层层叠叠的云山。后者在一幅织物中织出对称的秋葵树下对鸟和蜂蝶的纹样。两件袍服图案经向高度均约70厘米，整件袍服刚好使用了两个循环的图案。

最为壮观的是一段式袍服图案，整件袍服只有一个图案循环，最为典型的实例是辽耶律羽之墓出土的鹧鸪狮球石榴花纹绫袍。其图案沿织物幅边有一向上的海石榴花主干，树枝上栖有两对鸟，似为山鹧鸪，树下有狮子，足踩绣球。图案的另一半虽然已残缺，但可知其风格一致，只是图案较窄，纹样相对简单。因此，我们可以知道，有狮的大图案是为大襟而设计的，无狮的小图案是为小襟而设计的。在背后都用大襟图案，而在袖上则都用小襟图案，因此，袍的前后身都有完整的图案。这件织物的图案织造技术循环应该在240厘米以上，是我们目前所发现的最早、最大的织物图案循环。

三、花鸟世界

宋代画院十分重视花卉作品，宋徽宗赵佶便是一位花鸟画高手。《宣和画谱》将绘画分为十门，其中花鸟、蔬果、墨竹均可列入此类。织物上所用植物题材与《宣和画谱》的题材相似。从记载的名称来看，有牡丹、莲花、葵花、宜男（萱草）、林檎、竹、瑞草、芙蓉、樱桃等；从出土实物来看，则还有梅花、桃花、菊花、松针、山茶、栀子、海棠等许多种。由于图案的变形和夸张，还有许多植物不知其名，但这些植物大多有着一定的含义。《宣和画谱》在“花鸟叙论”中写得非常明确：“花之于牡丹、芍药，禽之于鸾凤、孔

图4-3 福建福州黄昇墓出土南宋折枝花叶纹罗

图4-4 刺绣莲塘双雁

翠，必使之富贵；而松竹梅菊、鸥鹭雁鹜，必见之幽闲；至于鹤之轩昂、鹰隼之击搏、杨柳梧桐之扶疏风流；乔松古柏之岁寒磊落，展张于图绘，有以兴起人之意者，率能夺造化而移精神遐想，若登临览物之有得也。”丝绸图案虽与绘画艺术有别，但在选题的意义上，则是相似的。丝绸多用牡丹和梅兰竹菊等，正是为了表达向往美好生活的意愿。

宋代的花卉图案明确被分成两种风格，《营造法式》分别称之为“卷叶花”和“写生花”。卷叶花即唐代卷草的发展，分为三品：“一曰海石榴华，二曰宝牙华，三曰宝相华，谓皆卷叶者，牡丹华之类同。”写生花则是唐代写生折枝花的发展。写生花在宋代图案中常见散搭花、折枝花和缠枝花三种形式。一般的折枝花采用以牡丹等大朵花为主的题材，同时配以梅花等小花及叶、蕾等。值得注意的是，福建福州南宋黄昇墓出土织物（图4–3）上的叶子中常常还填入各种花，形成叶中有花、花中有叶的效果，较为特别。缠枝或称“串枝”，在唐代已见使用，但多为卷草，且少见遍体使用。南宋黄昇墓出土的牡丹芙蓉纹花罗、梅花瓔珞纹绫及何家皂出土的牡丹葵花莲童纹绫均属此类。

花卉图案中最为华丽的是四季花。《老学庵笔记》卷二载：“靖康初，京师织帛及妇人首饰衣服皆备四时。如节物则春幡、灯球、竞渡、艾虎、云月之类，花则桃、杏、荷花、菊花、梅花，皆并为一景，谓之一年景。”从出土实物来看，以四时节物为题材的纹样不多，而四季花卉却可以见到不少，特别是在缂丝作品中，常把多种花卉组织到一幅丝绸图案里。例如，紫鸾鹊纹由鸾鹊、鹦鹉、鹓鹇、黄莺、孔雀、鸳鸯、鸠鸟、锦鸡、荷花、牡丹、海棠等组成，诸鸟喙衔瑞芝，相对飞翔。

满池娇又是一种由相对固定的花鸟组合的纹样。辽代刺绣中多见莲塘小景的题材，通常是莲塘中飞雁的纹样。这种图案在南宋也见使用，被称为“满池娇’。宋代吴自牧《梦粱录》中记录了临安夜市夏秋售卖的“挑纱荷花满池娇背心儿”。从辽代的刺绣中，我们已经可以看到莲塘中双雁相戏的情景（图4–4），应该就是满池娇的另一版本。到元代，这一题材成为御衣的图案。元代柯九思《草堂雅集·宫词十五首》中有：“观莲太液泛兰桡，翡翠鸳鸯戏碧苕。说与小娃牢记取，御衫绣作满池娇。”

四、北国风光

北方特色题材的增多也是这一时期丝绸艺术发展的重要特点。由于这一时期北方非汉民族的影响增大，丝绸中出现了大量具有北方特色的纹样。

位于北方的女真族，每年都有各种游猎活动，其中最为重要的两次是初春在水边放鹘打雁，入秋在林中围猎。这些活动也较多地反映在织绣及其他艺术作品中，被称为“春水秋山”。《金史》中记载：“其从春水之服则多鹘捕鹅杂花卉之饰，其从秋山之服则以熊鹿山林为文。”这类纹样虽见于《金史》记载，但辽代也有大量出现，包括辽耶律羽之墓出土的鹰逐奔鹿纹，空中飞鹰扑击，地上奔鹿狂逃，明显是秋山纹样。而出自黑龙江阿城金墓的瑞云双鹤纹织金绢袍的纹样更接近于春水的纹样。

除春水、秋山外，明确反映女真人生活题材的刺绣也不在少数。内蒙古巴林右旗辽庆州白塔出土的红罗地联珠鹰猎纹绣（图4–5）绣出了当时女真贵族驯鹰跨马的英雄气概。其正中为一团窠联珠环，环上黑地白珠。联珠之中为一骑马人物，人侧骑正视，戴皮帽，穿皮袍，着棕色皮靴。面形方正壮实，黄色胡须，并往两边翘起，疑为髡发之变形，或为冠饰。两手高擎，立鹰两只，当是北方狩猎时常用之猎鹰、当地呼为“海东青”者。马亦披挂，马尾扎成花状。其余空隙处散布各种杂宝纹样，如犀角、双钱、竹磬、法轮、珊瑚，还有白色小圆珠若干。

图4–5 内蒙古巴林右旗辽庆州白塔出土红罗地联珠鹰猎纹绣

精选纹样

51. 几何式小花

从出土的实物来看，宋辽时期是几何纹样的又一个高峰，其中最重要的原因或是当时并丝织法的继续流行。并丝织法从汉代开始就大量出现在多综多蹑织机上，增大了当时的丝绸图案循环。到唐代晚期至宋辽初期，大部分提花织物已由束综提花织机完成，但在民间肯定还有不少多综多蹑织机留存，它们就很适合织造几何纹样，特别是通过并丝织法织成的几何纹样，使得许多横向的几何纹样以及几何式小花得以流行。

a	b
c	d

a. 方格纹绮
b. 几何纹绫袱
c. 菱格小花纹绮
d. 菱格纹绮

52. 又见团花

目前所见的辽代团花，总体已从盛唐那样极端的华贵中走出来了，但依然保持着那种构图方式，可以明显看到来自唐代的痕迹。其中较为简洁的柿蒂纹四瓣花纹是从早期的柿蒂花纹演变而来的，较为复杂的则是正面的八瓣团花纹。辽耶律羽之墓中还出土了一件大窠套环宝花纹绫，其图案主花是在八个如意套环套成的团窠环中填以四瓣的宝花作芯，宾花是十样小花，主花二二正排，一幅中共有两窠，是一种属于大窠的两窠纹绫。

a	b
c	d

a. 大窠套环宝花纹绫
b. 联珠宝花纹锦靴
c. 团花纹锦
d. 团窠花卉纹锦

53. 盘绦球纹

唐代史料中有关于盘绦绫的记载，宋代史料中则多“盘球”“球路”“球纹”等名。当时的球均用彩绦盘成，所有的球名织物其实均与盘绦相关。据《营造法式》载，真正的球路纹样应是琐纹的一种，又有簇四球路和簇六球路之分，盘球是用彩绦结成的球纹图案，而盘绦则是以绦带和结为纹样的图案。甘肃敦煌莫高窟藏经洞发现过一件绶带纹绫幡，上面的纹样其实也是盘绦球纹。辽耶律羽之墓中出土过一件盘球纹绫，图案为由盘绦卷绕而成的大球，大球之间则用绦带盘绕连接。

a | b

a. 绶带纹绫幡
b. 盘球纹绫

54. 锦地新窠

纹样为主花团窠，而以宾花作铺地，或以琐甲、龟背等形者作地，一般被称为“锦地开光”。“锦地”就是细密的几何纹或细花纹作地，“开光”意同“开窗”，即在锦地上安置窠形的意思。原来一般认为锦地开光自元代始，后来辽耶律羽之墓出土了琐甲地瓣窠团花纹锦，就是一种锦地开光式的图案。辽代此类图案甚多，另一件雪花球路团窠云鹤纹锦则以簇六雪花球路为地，团窠内为四鹤衔花。也有类似图案在团窠之外布以密花，如同锦地。

a	b
c	d

a. 遍地花卉龟童子雁雀纹锦
b. 龟背地团花纹锦
c. 菱地团窠四雁衔花纹锦
d. 水波地团窠莲鱼纹锦

55. 团形的龙凤雁鹤

从唐末至辽代的服饰图案看，当时流行较大的团形纹样，主题纹样常为龙、凤、雁、鹤等。我们现在可以看到的实例包括：龙纹，多为双龙，有对称的双升龙和一升一降的升降龙；凤纹，主要是首尾相衔的双盘凤，也有单凤；双雁和双孔雀纹，多为站立相对，应该从唐代的双孔雀纹中而来；双盘鹤纹；等等。所有这些纹样的构图风格总体沿用唐代，采用的织法较多为钉金绣，钉金密时可以称为“蹙金绣”。

a	b
c	d

a. 双盘龙纹蹙金绣
b. 盘凤纹蹙金银绣
c. 盘凤纹钉金绣
d. 对鹤纹绣

56. 独幅场景

独立图案一般指在一件衣服上只有一段、两段或三段循环，这样的例子在辽耶律羽之墓出土物中特别多。这里的大雁纹绫的图案属于三段式中的一段，一只孤雁一幅纹样，如果到袍子上就是三对大雁了。云山瑞鹿衔绶纹属二段式，身上带有圆点斑纹、衔绶而奔的瑞鹿以及身边层层叠叠的云山，经向高度约68厘米，一件袍子上下分为二段。最为壮观的是鹧鸪狮球海石榴花纹绫袍，其上是一段式图案。整件袍子中间是图案，沿织物幅边有一向上的海石榴花主干，树枝上栖有鸟，似为山鹧鸪，树下有狮子，足踩绣球。这是目前所发现的最早、最大的织物图案循环。

a. 大雁纹绫
b. 鹧鸪狮球海石榴花纹绫袍
c. 云山瑞鹿衔绶纹绫袍

57. 花树对鸟

对称式纹样依然是辽代丝绸中的主流纹样，特别是花树对鸟或对兽的组合。最为典型的是代钦塔拉辽墓出土的雁衔绶带纹锦袍，其图案为一对衔有绶带的大雁，造型非常漂亮。这可能就是唐代史料所称的“雁衔绶带”纹样，用于高等级官员的官服。唐代类似的文献中还提到了“双孔雀”，在辽耶律羽之墓出土物中也有体现，是在团窠的外形中以双孔雀衔牡丹花的形式出现的。同一时期出土的花树对鸟纹样非常多，包括葵花树下对鸟纹锦、竹林下对孔雀纹绫和牡丹花下对雁纹刺绣等，也有对鹿的组合。

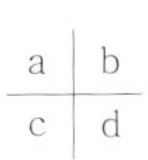

a. 独窠牡丹对孔雀纹绫
b. 树下鸳鸯纹绫
c. 中窠杂花对凤纹金银锦
d. 对鹿纹锦

58. 刺绣春色

辽代刺绣中有许多自然的景色，有时只是一朵花，有时则是满树春色，甚至还有小石相衬，十分美丽。特别见于内蒙古巴林右旗辽庆州白塔发现的两件罗地刺绣，一红一蓝，精美绝伦。这类纹样有时和北方流行的“春水”和“满池娇”也有密切关系，甚至难以分辨。此处的辽代刺绣皮囊正背两面一面为花树盛开、双雁对立、飞蝶环绕的春色图样，而另一面则为明显的海东青捕兔的秋山纹样。

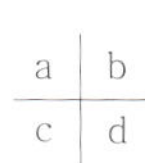

a. 刺绣皮囊之花鸟纹
b. 刺绣皮囊之海东青捕兔纹
c. 红罗地联珠梅花蜂蝶纹刺绣
d. 蓝罗地联珠梅花蜂蝶纹刺绣

59. 夹缬方帕

内蒙古巴林右旗辽庆州白塔出土了不少夹缬方帕。从夹缬版的形式分析，这批夹缬可分成凸版夹缬和凹版夹缬两种，凸版用凸处夹持织物而无边框，在染色时四周染上色彩，故形成色地白花的效果。从夹缬色彩看，有单色和双色两类；从织物的折叠次数看，有对折和四折两类。例如，云雁纹夹缬绢的主题是灵芝状祥云和飞雁，共七行八列44朵祥云和12只飞雁，凸版对折染色。凹版夹缬实物有三件：萱草纹夹缬，寓意是宜男；莲荷纹夹缬，花作莲花，花中尚存莲蓬，寓意是多子；松树纹夹缬，红地白花，花作塔松形状，极为难得。

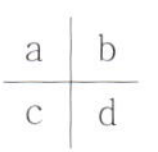

a. 伞盖纹夹缬
b. 萱草纹夹缬
c. 莲荷纹夹缬
d. 松树纹夹缬

60. 仙道人物

道家在中国文化中一直占有很重要的地位，在艺术的各个场景中均有存在，不过总是以神仙的形象出现的，在辽代的丝绸纹样中也所见甚多。神仙的造型总是宽衣大袍，手持伞幢或羽扇，出行总是有仙鹤导引，或是骑着仙鹤直接腾飞，身边云朵相随，仙气飘荡。有时则是手持香花，身边香气缭绕，这更像在道观里进行香花供养。宋代史料中有“仙纹”之名，或可与此对应，反映了人们对成仙的向往。

a	b
c	d

a 鹤引仙人纹绫
b 瓣窠人物纹妆花绫
c 泥金填彩团窠蔓草仕女纹绫
d. 仙人骑鹤纹压金彩绣

61. 云水细波

宋辽时期的丝绸图案中已经出现了所谓的曲水纹样，这类记载在宋代的《营造法式》中时有看到。但从书中的配图来看，应该是类似工字纹、卍字纹等由曲折直线构成的几何纹。不过，从辽代出土的丝绸实物及其他艺术品来看，当时的水波纹样还是不少，连绵不断，时而掀起波浪。类似的纹样还有云纹，时而是朵云，时而则为连云。还有部分纹样成为器物某一部位的装饰。

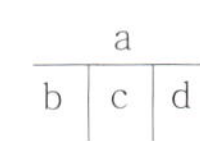

a. 描红云鹤纹腰带
b. 云纹花绫
c. 云纹刺绣罗鞋
d. 水波纹缂丝

62. 团窠花鸟

辽代团窠中把花和鸟放在一起的卷云四雁衔花纹绫布局直接继承了唐代团窠的结构，主花二二正排，主花之间穿插以宾花。但这里的“主花”是四只飞雁，雁首同向圆心衔花，与雁身相连的卷云绕于四周形成一圈卷云环，卷云与雁翅相连，难以区分环形与主题纹样。此外，还有一些此类纹样是在小团花周围绕以飞翔的雁、鹤，或是鹭鸶、孔雀、练鹊等，再穿插以各种缠枝花卉。

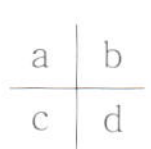

a. 团窠四鸟衔花纹锦袍
b. 水波纹地盘狮团凤纹绫
c. 联珠四鸟纹锦
d. 卷云四雁衔花纹绫

63. 旋转循环

唐代以来，团窠或团花类纹样的造型基本是左右对称或左右、上下都对称。但从晚唐起，这类纹样中出现了旋转循环或曰旋转重复的情况。旋转循环就是在一个团窠中有两个或两个以上的相同纹样，它们连方向也相同，在排列时顺一个方向旋转，这种方法与早期的太极阴阳图案有相通之处，在后世也用得很多，被称为“喜相逢”形式，如陕西扶风法门寺地宫出土的鸂鶒纹锦，甘肃敦煌莫高窟藏经洞发现的小团窠双狮织锦。宋辽时期这类实例更多，大都是双鸟，或是双狮，甚至还有两朵花的排列。

a	b
c	d

a. 重莲团花纹锦
b. 双凤云纹刺绣
c. 彩绘团花纹绝
d. 小团窠双狮纹锦

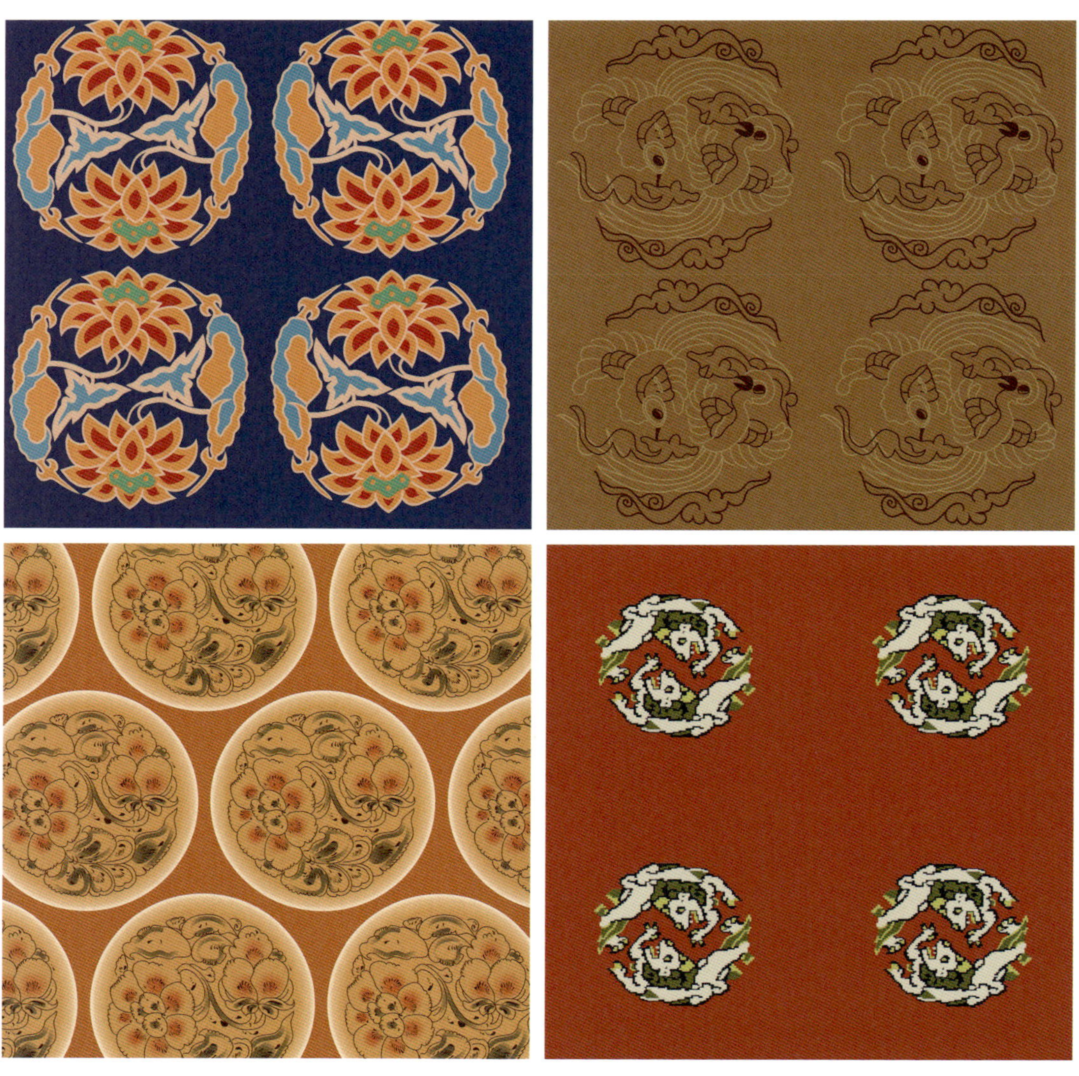

64. 方胜骨架

方胜原指织机经轴两侧的方形齿轮，用于阻隔经轴的转动送经。后来简化为一个方形的菱形，不少方形的图案骨架也被称为“方胜”。这类图案的实例有不少。辽耶律羽之墓出土的婴戏牡丹方胜兔纹绫的图案非常少见，其骨架是将球路骨架中的尖窠变成方格，将梭窠变成条格，这样就形成了两个方格中的主题纹样区和一个条格中的宾花纹样区，我们称其为“方胜骨架”。还有一件出自内蒙古阿鲁科尔沁旗小井子墓的方胜花鸟纹织锦用的也是方胜骨架。

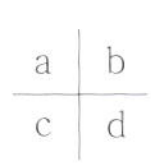

a. 菱格飞鸾纹绞经纱
b. 菱格朵花奔狮纹锦
c. 婴戏牡丹方胜兔纹绫
d. 鱼纹锦

65. 簇四球路纹

球路的名称在宋代史料中出现极多，从《营造法式》所载“四斜球路”等名可知，所谓的球路纹事实上是以圆圆相交为基本骨架而构成的图案，有时也被称为“钱纹”。出自辽耶律羽之墓的簇四球路孔雀花鸟纹绫整体上以簇四球路为结构，它把空间区分成两个呈尖窠状的主题纹样区和一个呈梭窠状的宾花纹样区，内置四只长尾练鹊、四只短尾雀鸟和一只回首展翅的孔雀。还有一件簇四球路奔鹿飞鹰宝花纹绫也是一件以簇四球路为图案骨架的织物，其纹样由一对飞鹰、多只奔鹿及不同的宝花组成。

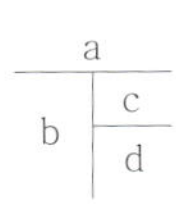

a. 球路飞鸟纹锦
b. 球路飞鸟纹锦
c. 簇四球路奔鹿飞鹰宝花纹绫
d. 簇四球路孔雀花鸟纹绫

66. 皇宋服色

2016年5月，浙江黄岩发现了南宋赵伯沄墓。墓主人赵伯沄系宋太祖七世孙，南宋初，其父赵子英始徙居台州黄岩，遂为邑人。绍兴二十五年（1155年）生，嘉定九年（1216年）卒，赠通议大夫，同年与李氏合葬。赵伯沄墓出土了大量保存较为完好的丝绸服饰，包括绢、罗、纱、縠 、绫、绵绸、刺绣等品种，涵盖了衣、裤、袜、鞋、靴、饰品等形制。其纹样题材也十分丰富，有花卉、花鸟、云鹤和杂宝等，其中花卉纹样有莲花、牡丹等，花鸟纹样有山茶练鹊、菊花双蝶，另有杂宝纹样，如法轮、珊瑚。

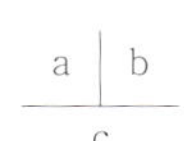

a. 缠枝葡萄纹绫开裆夹裤
b. 交领莲花纹亮地纱袍
c. 花鸟杂宝纹绫

67. 散点折枝

宋代是花卉纹样的流行期。宋代《宣和画谱》分各种绘画为十门，其中花鸟、蔬果、墨竹均可列入此类，所画花种有桃花、牡丹、梅花、月季、菊花、辛夷、红蓼、海棠、豆花、荷花、石竹等二百余种之多，属于折枝花，在丝织品上被称为“散搭子”。各地南宋墓出土的折枝花卉纹丝织品不在少数，仅以江西德安南宋周氏墓出土实物来看，就有折枝花卉纹罗、折枝梅兰如意纹罗、如意山茶纹罗、折枝梅花纹绮等。

a	b
c	d

a. 如意山茶暗花罗
b. 花卉纹盘金彩绣罗
c. 绿罗地小花纹刺绣
d. 折枝梅花纹绫

68. 波形大折枝

较为大型的折枝花采用S形或称“波纹”的大折枝，其排列多为两花独枝型和独花两枝型。所谓两花独枝，就是指一个折枝中有两朵大花形成一个循环，如南宋黄昇墓出土的折枝牡丹纹罗；独花两枝就是指一个循环中有两个折枝，但每个折枝上只有一个大花，如同墓所出的牡丹梅花纹绫。纹样以牡丹等大朵花为主题，同时配以梅花等小花及叶、蕾等。此外，赵伯沄墓还出土了双蝶折枝菊花纹绫，也属于折枝花的范畴。

a. 花卉纹花绫
b. 牡丹花罗
c. 牡丹芙蓉花罗
d. 双蝶折枝菊花纹绫

69. 缠枝花卉

折枝是断开的，而缠枝是连续的。缠枝又可称“串枝”，在唐代已见使用，但多为卷草，且少见遍体使用的情况，当时可以算是缠枝纹样的发展初期。但到宋代，缠枝纹已十分流行，南宋黄昇墓出土的牡丹芙蓉纹罗、梅花璎珞纹绫均属此类。最后形成的效果是大花均匀分布，枝条本身却处于次要的地位。缠枝纹图案在元代仍有大量使用，而且更趋程式化。内蒙古达茂旗明水墓曾出土一件缠枝牡丹纹花绫，可属此类，而江苏无锡元墓出土的缠枝牡丹纹缎则开启了缠枝牡丹之风。

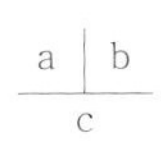

a. 松竹梅暗花纹罗
b. 鸾鹊缠枝叶纹纱罗裙
c. 刺绣花卉纹罗靴筒残片

70. 散点长干里

2007年，南京博物院对位于南京古长干里地区的明代大报恩寺遗址进行了考古发掘，并清理了建于北宋时期的长干寺地宫。在地宫中出土了种类丰富的供养器物，包括金、银、铜、水晶、玻璃、玛瑙、丝绸、香料等类别的文物，特别重要的是70余件丝织品。它们大多是包袱巾，其中有文字、彩绘、刺绣以及织物本身的图案，最为多见的是较为简洁的散搭子析枝花。

a	b
c	d

a. 彩绘折枝花纹绢
b. 描金折枝花球路流苏纹罗
c. 红地“千秋万岁”盘凤泥金罗帕
d. 柿蒂纹异向绫

71. 婴戏

婴戏纹可能在晚唐已经出现，但目前所知最早的婴戏纹丝绸实物却见于辽耶律羽之墓，其中一件婴戏牡丹方胜兔纹绫（见图64c）上同时出现了兔与婴两种题材。该图案中最引人注目之处为条格中的婴戏牡丹纹样，婴童上衣下裤，围系肚兜，左右两手各攀一枝牡丹，身体倾斜，显得用力并活泼可爱，这是目前所知最早和最为清晰的丝织婴戏图案。辽代还有一件夹缬加手绘的罗带，其中有多簇石榴花，石榴花中有孩童摘花戏耍的情景。湖南衡阳何家皂北宋墓也出土了一件婴戏攀枝纹绫，儿童刻画得非常精细。

a	b
c	d

a. 婴戏纹绫
b. 婴戏石榴纹罗带
c. 莲花童子纹绫
d. 婴戏攀枝纹绫

72. 领袖襟边

宋元时期出土的花卉类图案主要呈现两种形式：一是出现在绫罗织物面料上，二是出现在绫罗衣服领口边缘的印绣彩绘区域。宋代之前，衣服领口袖边处常用锦或织成缘，但到宋元时多用刺绣和印绘作品。这类图案比较自由，少有程式，只是范围被限制于窄窄的条幅之中，花型大小相隔，枝条呈S状上升，时而夹以蝶鸟和璎珞，时有婴戏其中，方寸之间，内容十分丰富而写实，颇具情趣。这在南宋黄昇墓出土服饰上有比较集中的反映。

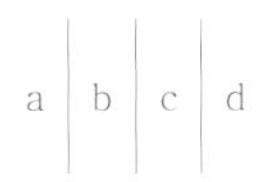

a. 蝶恋芍药纹印花花边
b. 镂空刷印卷草纹花边
c. 花卉纹印花花边
d. 印花彩绘芙蓉人物纹花边

73. 缂丝百花

据《齐东野语》和《南村辍耕录》载，北宋的许多名画以缂丝为包首，如缂丝作楼阁、作龙水、作百花攒龙、作龙凤，有些所载的锦其实也是缂丝，如紫宝阶地、紫大花、紫鸾鹊、紫百花龙、紫曲水、紫汤荷花。但传世最多的是缂丝鸾鹊图，由鸾鹊、鹦鹉、鹈鹕、黄莺、孔雀、鸳鸯、鸠鸟、锦鸡等鸟类与荷花、牡丹、海棠等花卉组成，诸鸟喙衔瑞芝，相对飞翔。另有缂丝紫天鹿，由鹿、羊、鸾鹊及海棠、茶花、石榴、荷花、菊花等组成。

a. 缂丝飞鸟走兽纹包首
b. 黄地鸾凤花卉纹锦
c. 缂丝莲塘双鸭

74. 西夏遗珍

西夏所处的时代相当于北宋和南宋，其疆域以今宁夏回族自治区为主，但包括内蒙古西部、甘肃河西走廊、陕西北部等的部分地区。西夏地区应该不产丝绸，但其境内出土的丝织品却也不少，特别是在内蒙古额济纳旗黑水城中发现的文物，近年在若干佛塔中也有少量发现。其种类有锦、缂丝、绫、罗、纱、刺绣、印花织物等，纹样也有方胜花鸟、缠枝花卉、方胜婴戏牡丹等。不过，这些丝绸的产地，很难判断就是西夏所处地区，也有可能来自中原。

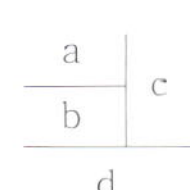

a. 方胜婴戏牡丹纹印花绢
b. 折枝印花绢
c. 折枝花纹罗
d. 方胜飞雁纹锦

75. 罗汉和居士

此四幅图案出自收藏在日本涌泉寺、一莲寺中的宗教人物画，包括罗汉、居士和高僧，或为其所着的僧袍，或为其所坐的椅披、垫毯。其中的团花，纹样中心为联珠团龙，如意形花瓣环绕外周，构成类似于唐代宝花形式的团花。团龙、团鹤纹样在团窠内安置单独的旋转对称的双鹤，几何瑞花和云纹瑞花呈散点排列，将菱纹、圆形、四叶瑞花和云纹等进行有一定规律的优美构图。配色优雅清新也是宋代丝绸纹样的特色之一。

a	b
c	d

a.《猫戏图》
b.《南山大师像》之一
c.《南山大师像》之二
d.《十八罗汉像》

76. 十殿阎王

在宋代，中国有许多宗教绘画外销到日本，《十王图》就是其中之一。这套《十王图》可能为南宋时宁波民间画师陆信忠所作。所谓"十王"，即佛教中的十殿阎王，《十王图》描述其所管辖的地狱的场景，具有很强的劝善惩恶的宣传意义。此处的纹样出自其中四幅阎王图中阎王或小鬼的服饰，虽然为工笔画，但纹样相对粗犷，均为团花形式：或两朵花上下对称构成团花，或四朵小团花上下左右排列构成团花，或清地，或以遍地几何纹为地，设色艳丽，具有民间艺术特色。

a	b
c	d

a.《十王图》之"平等王"
b.《十王像》之"冥使王"
c.《十王像》之"秦广王"
d.《十王像》之"五官王"

第五章

金色华章（金元）

一、金搭子

元代的大量史料中提到了用金表现的搭子图案，被称为“金搭子”“金答子”等，可见金搭子应该是金元时期较为常见的一种丝绸图案类型。事实上，散搭花或搭子花就是指一块块面积较小、形状自由的纹样散点排列的图案。这与团窠图案有着明显的区别：外形不一定圆，面积比较小，其中的纹样比较自由，属于清地，没有宾花和地纹。

比较出土实物可知，这类搭子图案在金元丝绸上确实非常流行，以阿城金墓出土的丝绸图案来看，有许多就是搭子花，如深驼色鸳鸯纹织金绸帷幔、酱色地云鹤纹织金绢绵袍、绿地折枝梅织金绢绵裙、深驼色暗花罗绵腹带。内蒙古集宁路古城遗址出土的印金素罗、印金提花长袍、印金夹衫等和甘肃漳县汪氏家族墓出土的大量印金织物，不少也是金搭子。这类金搭子织物还在中国北方地区的周边流行，有些被作为舶载物输出到日本，至今还保存在日本。在朝鲜半岛高丽时期的佛腹藏中也出现了这类金搭子织物，与中国同一时期的织物风格一致。

从出土实物来看，搭子图案大多由印金而成，少量由织金而成，这可能是节约用金而致，与浑金形成明显的对比。搭子的外形有两种情况，一种是按照纹样的外形，龙、凤、鸳鸯、云鹤等织物纹样较多采用这种形式，尤其是在金代，这种形式极为普遍；另一种是用方、圆、椭圆等几何纹作为搭子外形，这种形式在元代较为常见，许多方形搭子均紧密地错排成田格形，是搭子图案中最常见的一种（图5-1）。圆搭子则稀松地错排成散点，不甚常见。

图5-1 印金搭子

二、琐纹曲水

宋辽金元时期关于丝绸图案的记载日趋丰富，其品名往往与品种、图案及使用场合等相关。元代戚辅之《佩楚轩客谈》提到，五代孟氏在蜀时有十样锦，名为：长安竹、雕团、象眼、宜男、宝界地、天下乐、方胜、狮团、八答晕、铁梗蘘荷。费著《蜀锦谱》中也记载了当时四川成都锦院生产的织锦品名，计有：盘球锦、簇四金雕锦、葵花、八答晕、六答晕、翠池狮子、天下乐、云雁、大窠狮子、大窠马大球、双窠云雁、宜男百花、

图5-2《营造法式》中的琐纹图案

青丝云雁、玛瑙、七八行、青绿瑞草云鹤、青绿如意牡丹、真红穿花凤、真红雪花球路、真红樱桃、真红水林檎、秦州细法真红、紫皂段子、秦州中法真红、秦州粗法真红、真红天马、真红聚八仙、湖州百花孔雀、真红六金鱼、真红飞鱼等。

从这些丰富的记载来看，当时丝绸图案的主流是花鸟、兽科、琐纹等几个大类，其中的琐纹也特别流行。《营造法式》中将琐纹图案列为一个大类（图5–2）："琐文有六品，一曰琐子，联环琐、玛瑙琐、叠环之类同；二曰簟文，金铤文、银铤、方环之类同；三曰罗地龟文，六出龟文、交脚龟文之类同；四曰四出，六出之类同……五曰剑环，宜于科类相间用之；六曰曲水……"由于《营造法式》所记载的图案大多来自建筑装饰中的墙布或墙绸，因此，这些其实是一类风格接近的织锦图案名称，其中"簟文""曲水""龟水"等图案在辽宋金元时期关于丝绸的文献中也有所见，而山西永乐宫元代壁画中的人物服饰图案使用大量的琐纹图案，也可以作为当时流行的佐证。

与琐纹相似的还有球路纹。《营造法式》中有普通球纹和簇六球纹之分，前者为四圆相交，如连钱之状，后者为三圆相交。普通球纹在日本正仓院唐代染缬中已有发现，湖南衡阳何家皂北宋墓中也有出土；而簇六球纹对后世影响更大，《蜀锦谱》中提到雪花球路锦，其纹样其实就是簇六填花球纹。

这一时期琐纹的兴盛很可能与伊斯兰教的影响有关。伊斯兰教的装饰艺术中不采用人物和动物，却有各种变化丰富的几何形状图案出现。这种装饰艺术主要表现在建筑上，不但影响了当时的建筑装饰图案，而且影响了织物图案。当然，这些琐纹图案较之伊斯兰艺术中的几何图案仍是有很大区别。

三、锦地新窠

图5-3 黑地对鹦鹉纹纳石失织金锦

唐代时，丝绸图案经常采用团窠的形式来安置主题纹样。宋辽金元时期，这种形式仍十分常见，一般被称为“盘”或“团”。当时的史料中所见的盘象、盘鹊、盘球、雕团、狮团等，当属此类。团窠图案中的主题似乎是禽兽，但其实史料中所称“鉴花”“宝照”“葵花”等植物图案也应是团窠形式的。

除了团窠之外，当时还有许多新形状的窠类纹样，这些名称在《营造法式》中有较明确的记载。一是瓣窠，形如带瓣的团花，故又称“团花窠”，其中分四入（四瓣）和六入（六瓣）两种，在丝织物中则可以分成更多，常见的还有八入、十二入、十六入等，这在永乐宫壁画上有较多反映；二是玛瑙窠，亦可被看作一类三入的瓣窠，《蜀锦谱》中有关于玛瑙锦的记载，当时的丝绸之路上亦有具西方风格的胡玛瑙窠雕纹锦；三是方胜窠，又称“柿蒂窠”或“四出尖窠”；四是樗蒲窠，其形如梭身，两头尖，中间鼓；五是珠焰窠，此名未见于《营造法式》，但在《南村辍耕录》中有载，永乐宫壁画服饰图案中有赤地珠焰兔纹，可称“珠焰窠纹”，或称“滴珠窠纹”，带有西方瑞果纹或佩兹利的风格。这类外形的窠纹在元代织金锦中十分常见。

窠形有变，窠的排列也有变化。如果将窠中纹样作为主题纹样，并将窠外纹样作为宾花，则根据主、宾情况的不同，可将这些图案分为三类：有主花窠而无宾花的为素地锦，如阿拉尔出土的回鹘时期的重莲纹锦就属此类；有主花窠而宾花作铺地或有龟背等形者为“锦地开光”图案，“锦地”其实是细纹作地，“开光”即在锦地上安置窠形的意思。如辽耶律羽之墓出土的琐甲地瓣窠团花纹锦，这是一种锦地开光式的图案，在琐甲纹地上进行开光，开光外形是由枝藤构成的不规则的团窠形，二二错排，窠内四周为一圈枝叶，上下左右四端各有一朵侧花，花内是四只飞鸟衔花的纹样，中心位置上则是十样小花。另一件雪花球路团窠云鹤纹锦以簇六雪花球路为地，团窠为正圆形，二二错排，窠内为四鹤衔花，鹤飞处还有云彩相伴。

当主题团窠进行二二错排时，它们更多地在周围绕满各种细纹，包括云纹、缠枝纹、花卉纹等，很容易被看成一种六边形的骨架。例如，辽耶律羽之墓出土的遍地八瓣龟莲纹锦的图案布局是一个主题纹样的二二错排，再在空隙中填以遍地杂花，此时的空隙相连后就形成了一个类似龟背形的骨架，可以推测这一主题纹样与史料中的“龟莲”相对应。而团窠之外的空隙中遍布的各种细小花卉，可能就是史料中所载的“细花”或“遍地杂花”。

四、神禽奇兽

宋辽金元时期，文化交流十分频繁，在新疆和内蒙古等西北地区出土的织物中，不仅有中原风格的织物，还有许多具有西域风格但在中原生产的产品。这些产品大多以雕、格力芬等大型禽兽为主题纹样。《蜀锦谱》中有簇四金雕、狮团、盘象等带有西域风格的图案，尤其是雕类图案，在丝绸之路上发现甚多，较能代表当时的文化交流。

这一时期的雕类图案基本继承了唐代的对称纹样结构，多为对雕，但根据所用骨架可分为团雕和平雕两类。团雕处于一个圆形框架上，这个框架可以是簇四骨架，亦可以是团窠排列。较早的实例是新疆阿拉尔出土的簇四雕团锦袍，在簇四骨架中填以对鸟。这类图案的织锦，在内蒙古有更多发现。德国柏林工艺美术博物馆及克雷费尔德纺织博物馆均藏有著名的黑地对鹦鹉纹纳石失织金锦（图5–3），鹦鹉翅上还织有波斯文字，这是较为多见的对称形式。

双头鹰纹样原本在西方织物中常见，特别是在欧洲收藏的10至13世纪的织锦中，有

图5-4 红地双头鸟纳石失

图5-5 内蒙古达茂旗明水墓出土对狮身人面织金锦

大量实例，但在内蒙古出土的纳石失织金锦上也有大量同类纹样。美国克利夫兰博物馆藏有两件大型元代纳石失，其中心题材即为双头鸟。其中一件红地双头鸟纳石失（图5-4）采用的是细密卷云地上的双头鸟，另一件原为红地但现已变为黑地的瓣窠对兽纹纳石失上也有双头鸟纹样。这两件织物上的双头鸟有一个共同点，即爪子均抓一从尾部抬起的龙头，这是十分典型的中亚双头鹰造型。

还有一种雕类图案是将雕类排列成对称的或单向行走的队列。如故宫博物院所藏的著名的织金锦佛衣，虽然衣服的大多数部件可确认为明代物品，但带饰上的一段灵鹫纹片金锦可确认为元代物品。其上的灵鹫是一排左向、一排右向行走，布局很有特色。又如达茂旗明水墓的对雕纹织金锦风帽，采用的是成排对称、对雕面对面排列的图案，其风格与背靠背、回头相向的对雕纹样有很大出入。

纳石失上的对兽纹也非常流行，但其中主要的是人面狮身的斯芬克斯和狮身鹰喙的格力芬。达茂旗明水墓出土的一件对狮身人面织金锦（图5-5）也是典型的西域题材，同类造型还在当时的伊朗陶器和铜镜上屡见不鲜。对格力芬等题材也出现在同一时期的纳石失和织彩锦上，如集宁路古城遗址出土的格力芬锦被，采用的也是中亚地区曾经十分流行的格力芬题材。

精选纹样

77. 完颜晏服饰

阿城金墓于1988年被发掘，其墓主人是完颜晏。完颜晏是金太祖完颜阿骨打的堂弟，生前封齐国王，官至太尉，死于大定二年（1162年）。阿城金墓出土男女服饰30余件，所用丝织品种类齐全，计有绢、绫、罗、绸、纱、锦等，大量使用织金技法，也有印金、描金等。织物图案丰富多彩，有夔龙、鸾凤、飞鸟、云鹤、如意云、团花、忍冬、梅花、菊花等。这里的夹缬彩蝶花纹罗、忍冬云纹夔龙金锦、菱纹暗花罗萱草团花绣，都是此墓中出土的实物。

a. 夹缬彩蝶花纹罗
b. 忍冬云纹夔龙金锦
c. 瑞云双鹤纹织金绢袍
d. 菱纹暗花罗萱草团花绣

78. 龙凤摩羯

以团窠为纹样的袍服是宋辽金元时期最为流行的形式，从皇帝到大臣以及普通文人雅士均可穿戴。在敦煌壁画上有西夏王或曰回鹘王穿着团窠龙袍的图案，可反映帝王们的着装情况。事实上，辽代的实物上龙凤纹样最多，龙有对龙、升降龙、盘龙等，凤有对凤、盘凤等。另一类与龙凤相近的纹样是摩羯纹，其形象通常是龙首、鹰翅、鱼尾，在当时的其他器物中较为多见。达茂旗明水墓出土过一件较大的织金团窠棺壁贴，其中的摩羯纹十分生动。明代的飞鱼应该也是由摩羯纹演变而来的。

a. 团窠鱼龙纹妆金绢
b. 摩羯鱼凤乌花卉纹特结锦
c. 团龙纹织金绢

79. 春水秋山

北方民族大多每年都有各种游猎活动，其中最为重要的两次一是初春在水边放鹘打雁，二是入秋在林中围猎。这些游猎也被较多地反映在织绣、玉雕、石刻等艺术作品中，被称为“春水秋山”。这里的一组纹样来自元代的妆金或织金织物。纹样的外形都属于当时所称的“滴珠窠”，上尖下圆。一件海东青捕雁纹妆金绢纹样上的春水滴珠窠内可以看到明显的大雁和窠尖处俯冲的海东青，与大量出土和传世的春水玉造型相同。两件卧鹿织物造型相似，其中一件窠尖处有一圆月，有学者将其定义为“卧鹿望月”，可归入秋山一类。

a | b | c

a. 海东青捕雁纹妆金绢
b. 卧鹿纹妆金绫
c. 卧鹿望月织金绢

80. 搭子鹰兔

搭子应该是辽宋金元时期较为常见的一种丝绸图案类型。“搭”“答”同音近形相通。散搭花或搭子花也就是指一块块面积较小、形状自由的纹样散点排列的图案。相较于出土实物，这类散搭子图案在丝绸上确实非常流行，特别是鹰兔纹样，以及其他鸟的纹样。漳县汪氏家族墓出土的大量印金织物，有时像兔，有时像鹿，有时像飞鸟，有时像鹰。金搭子织物还被传至韩国和日本，至今保存。在朝鲜半岛高丽时期的许多佛腹藏中出土了这类散搭花织物，有飞鸟纹或是鹰纹。日本保存下来的不少织物上的纹样，也和中国当时的搭子纹样风格一致。

a	b
c	d

a. 飞鸟纹织银绫
b. 双雁纹织金绫
c. 印金描朱兔纹纱
d. 卧兔纹织金锦

81. 散搭小花

《金史》中记载："三师、三公、亲王、宰相一品官服大独科花罗，径不过五寸，执政官服小独科花罗，径不过三寸。二品、三品服散搭花罗，谓无枝叶者，径不过寸半。"这里的"小独科花罗"和"散搭花罗"，其实可以算作散搭子的花卉纹样。"独科"应该还是团窠，体型较大，圆形较多，但散搭花和团窠相比就会有一些不同：一是外形不一定圆，二是面积较小，三是经常用金，四是搭中的纹样比较自由，五是没有宾花和地纹。

a b
c d

a. 石榴纹妆金纱
b. 方搭花鸟纹妆花罗
c. 瓣花织银纹绫
d. 栀子花纹金锦

82. 锦地盘龙

锦地通常是用十分细密的几何纹作地，这类作地的几何纹多数是曲水纹，由相互垂直或平行的直线构成，自宋辽开始十分常见。有时也可以是琐甲、龟背等几何纹。盘龙是自唐以来就有的常见纹样，最初是对龙，两条龙一个团窠。后来就是一条龙占一个团窠，形成较为固定的盘龙造型。前两足一直一曲，尾巴在后两足之间穿过，嘴前通常还有火珠。这类盘龙在元代最为流行，经常以锦地开光的形式出现，但有时也不开光。

a	b
c	d

a. 对龙对凤两色绫
b. 柿蒂窠龙纹纱
c. 龟背地团龙团凤纹特结锦
d. 菱格卍字龙纹上衣

83. 攒花龙

宋人好攒花。当时官员有攒花幞头，宫廷礼制有攒花，官司宦雅集有攒花。所谓“万数簪花满御街，圣人先自景灵回。不知后面花多少，但见红云冉冉来”。“攒花龙”的名称也见于宋代文献，是为“缂丝攒花龙”。传世实物中有一件缂丝百花撵龙，龙在百花丛中穿行。另一件是卍字地双兔纹龙纹胸背日月双肩织金大袖袍，其纹样的风格与缂丝百花撵龙很是相像，都是五爪龙。

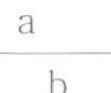

a. 卍字地双兔红龙纹胸背日月双肩织金大袖袍
b. 缂丝百花撵龙

84. 穿花凤

与攒花龙相比，穿花凤显得更为适宜一些，更何况凤穿牡丹在宋元时期已非常流行。不过，穿花凤中与凤类似的还有不少其他鸟，有时其尾饰为齿羽状，有时为直羽状，也有如意云状，在宋元时期的织锦和缂丝中可以看到。但到元代，凤穿牡丹也出现在纳石失织金锦或印金织物上，说明同类图案已经西传至中亚、西亚地区，甚至还出现在当地的瓷砖上。除了穿花，当时的凤还有穿云等类似的设计。

a	b
c	d

a. 云凤纹彩锦
b. 牡丹莲花凤纹特结锦
c. 凤穿牡丹纹织金锦
d. 印金凤穿牡丹纹罗短袖衫

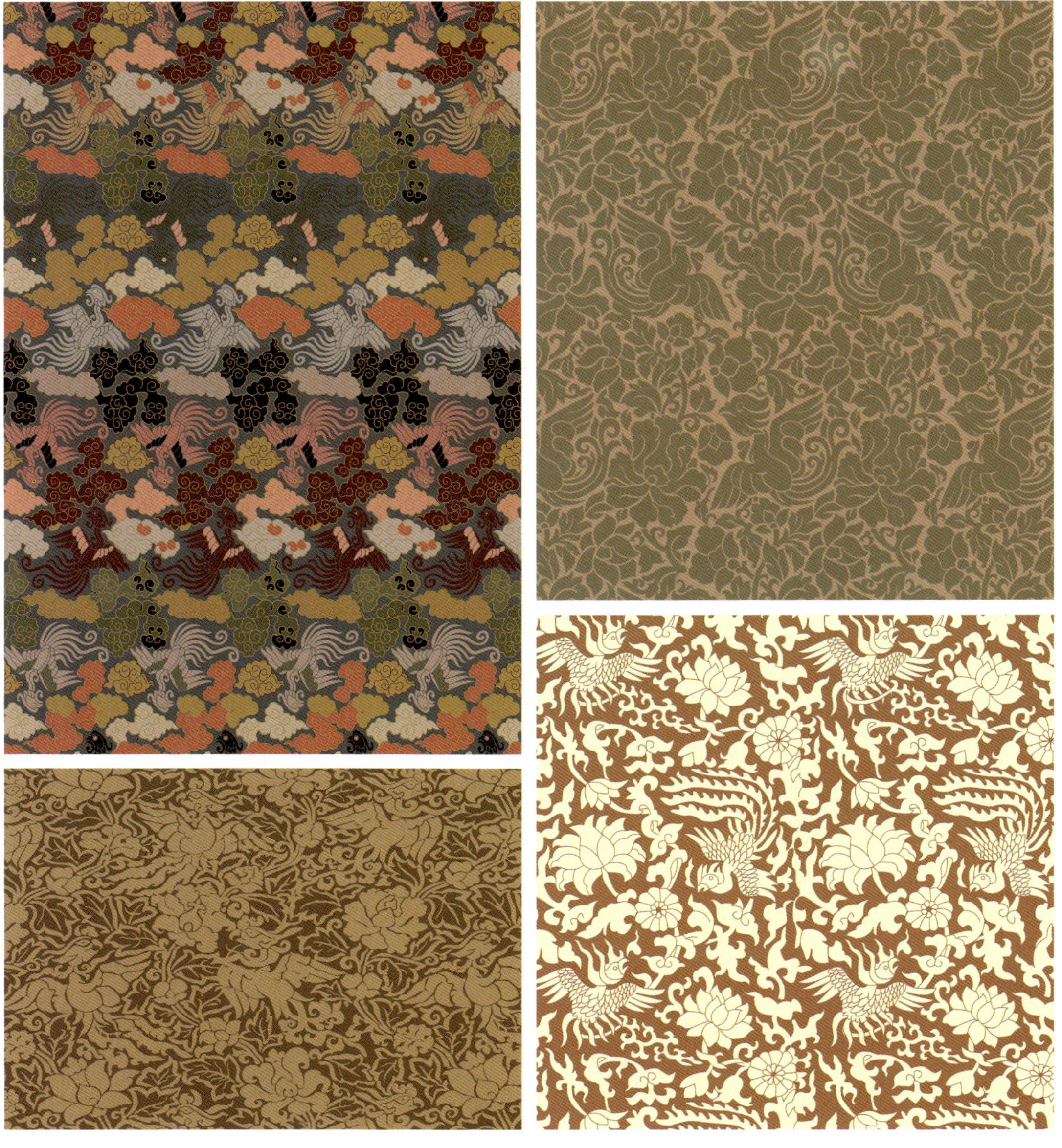

85. 相逢凤衔枝

凤衔枝是一种花鸟纹的造型，在唐代时开始大量出现，当时就有雁衔绶带、鸟衔折枝等丝绸纹样的记载，还有“联雁斜衔小折枝”等诗句为证，到宋元时期依然盛行。喜相逢则是一种图案的排列形式，在晚唐开始出现，宋辽时非常流行，其主题通常是奔走的狮子和行龙、飞翔的凤、雁、鹰、孔雀等。不过，元代喜相逢形式中的凤，通常是凤和鸾一起出现，尾巴一为齿羽，一为如意。这里的四个例子，有凤有孔雀，尾巴或为齿羽，或为如意，比较少见。

a	b
c	d

a. 团孔雀纹印花绢
b. 凤穿牡丹纹绮
c. 双凤穿花纹刺绣
d. 凤穿花纹刺绣

86. 胸背花样

元代文献中关于胸背的最早记载是大德元年（1297年），此后关于胸背的记录主要出现在朝鲜半岛高丽时期的语言教材《老乞大》和《朴通事》中，次数很多，但很少提到胸背所用的图案。从保存实物来看，元代胸背的图案尺寸约为30厘米见方，其纹样包括云龙、凤穿花、麒麟、松鹿、梅鹊及其他装饰性题材如花卉等，似乎并无等级的象征意义。这类胸背到明代早年依然流行，有飞仙双鹿纹等。在明代，这类胸背也被称为“花样”。

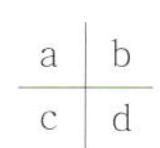

a. 海东青逐兔纹妆金胸背袍
b. 梅鹊方补菱纹绸短袖夹袍
c. 罗地销金飞凤麒麟纹胸背
d. 双鹿仙人纹妆金缎胸背

87. 肩挑日月

金代袍服中已在胸膛肩袖处装饰图案，指的是在胸前背后有方形图案，而在肩部则有三角形图案的装饰。不过，真正的金代服饰很少，而这类纹样只是在元代才可以看到。其肩部图案最为常见的是由山、云、花卉等托起一个圆形，圆中一般是日或月，左右两肩，一日一月。这与汉族帝王服饰图像中的肩挑日月完全一致，可能是女真族及蒙古族等少数民族模仿汉族帝王冕服款式而设计的。不过，蒙古族的圆盘中有时则是团花或别的图案，说明在他们的心目中，肩挑日月的概念并不明确。

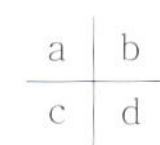

a. 龙纹胸背织金大袖袍之日纹
b. 龙纹胸背织金大袖袍之月纹
c. 菱地飞鸟纹绫海青衣之肩纹
d. 印金短袖衫之海石榴肩纹

88. 阿拉尔织锦

1951年，新疆考古工作者在阿拉尔发现了一具男尸，同时清理和出土了一批服装和部分随葬品。阿拉尔出土的纺织品中最珍贵的是两件保存较好的锦袍，其中盘雕纹锦袍现藏于故宫博物院。当时的雕类图案多呈对雕状，但其骨架会有不同，这件锦袍的框架为簇四团窠，所以可以称为“簇四盘雕纹锦袍”，在簇四骨架中填以对鸟。另一件对羊孔雀纹锦袍现藏于新疆维吾尔自治区博物馆，它以平排式布置对羊和双头孔雀，这种双头孔雀的纹样在同时期的欧洲艺术品中也能看到，有可能是10—11世纪前后的西亚风格织锦。

a | b

a. 簇四盘雕纹锦袍
b 对羊孔雀纹锦袍

89. 织锦纳石失

纳石失在元代指用特结组织、满地金线织成的织锦，但流行的不全是狮子、鹰鹫等，还有一些较为弱小的动物，花卉和几何纹，也是纳石失的常用题材。这里的一组织物多发现于平民生活区里：一部分出自敦煌莫高窟北区的僧侣窟中，残破不堪，我们进行了图案拼对才复原出来；有一件出自河北隆化鸽子洞窖藏，是百衲布中的一个小片。不过它们的造型与构图都十分精美，特别是其框架都稍带弧形，与一般的菱形或几何形都不相同。

a	b
c	d

a. 瓣窠花卉纹织金锦
b. 柿蒂纹织金锦
c. 几何纹纳石失
d. 卧鹿纹织金锦

90. 锦地开光

锦地开光在元代出现得特别多，除了较为明确的曲水作地之外，有很大一部分是龟背和琐甲纹，还有一部分就是极为小型的花卉或曰细密花卉的图案作地，再加以开光。而且其开光的窠型除了一般的团窠之外，还有多瓣团窠、滴珠窠等特殊形状。窠内的题材也是较为平和的花鸟、团花等，较为明显地受到了来自中原相对平和的气氛的影响，不再是猛兽猎鹰。

a	b
c	d

a. 琐纹地滴珠窠花卉纹织金锦
b. 回纹地雁衔花枝纹绫
c. 卷草纹地滴珠窠菱形纹织金锦风帽
d. 菱格地瓣窠团花纳石失

91. 双头鸟

双头鸟纹样在元代的纳石失织物上比较常见。这里的一件红地纳石失采用的是细密卷云地上的双头鸟，尾巴处的龙首透露了它的中亚来历。另一件纳石失的图案是把鸟排列成站立或行走的形式。此外，故宫博物院所藏灵鹫纹片金锦上的灵鹫是一排左向、一排右向行走，而达茂旗明水墓地出土的对鹰纹织金锦风帽，采用的则是成排对称的、面对面的排列方式。

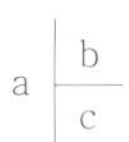

a. 双头鸟纳石失
b. 双头鸟纳石失
c. 灵鹫纹片金锦

92. 狮身人面和鹰喙

狮作为最凶猛的动物之一，也时常出现在当时的纳石失织物上，包括狮身人面的斯芬克斯和狮身鹰喙的格力芬。达茂旗明水墓出土的一件纳石失锦袍上有狮身人面的团窠纹样，这应是典型的西域题材，类似的造型在当时的伊朗陶器和铜镜上屡见不鲜。但有时这类纹样也在彩织锦上出现，其中的狮子造型明显可爱许多，如内蒙古元代集宁路古城遗址出土的锦被中的团窠格力芬纹样，可爱得有点像小绵羊，另一件四狮团窠中的狮纹则形似后世的狮子绣团造型，也是一副萌态。

a	b
c	d

a. 龟背地瓣窠格力芬纹锦被
b. 龟背地瓣窠四狮戏球纹锦
c. 团窠对格力芬纳石失
d. 方胜团窠织金锦辫线袄

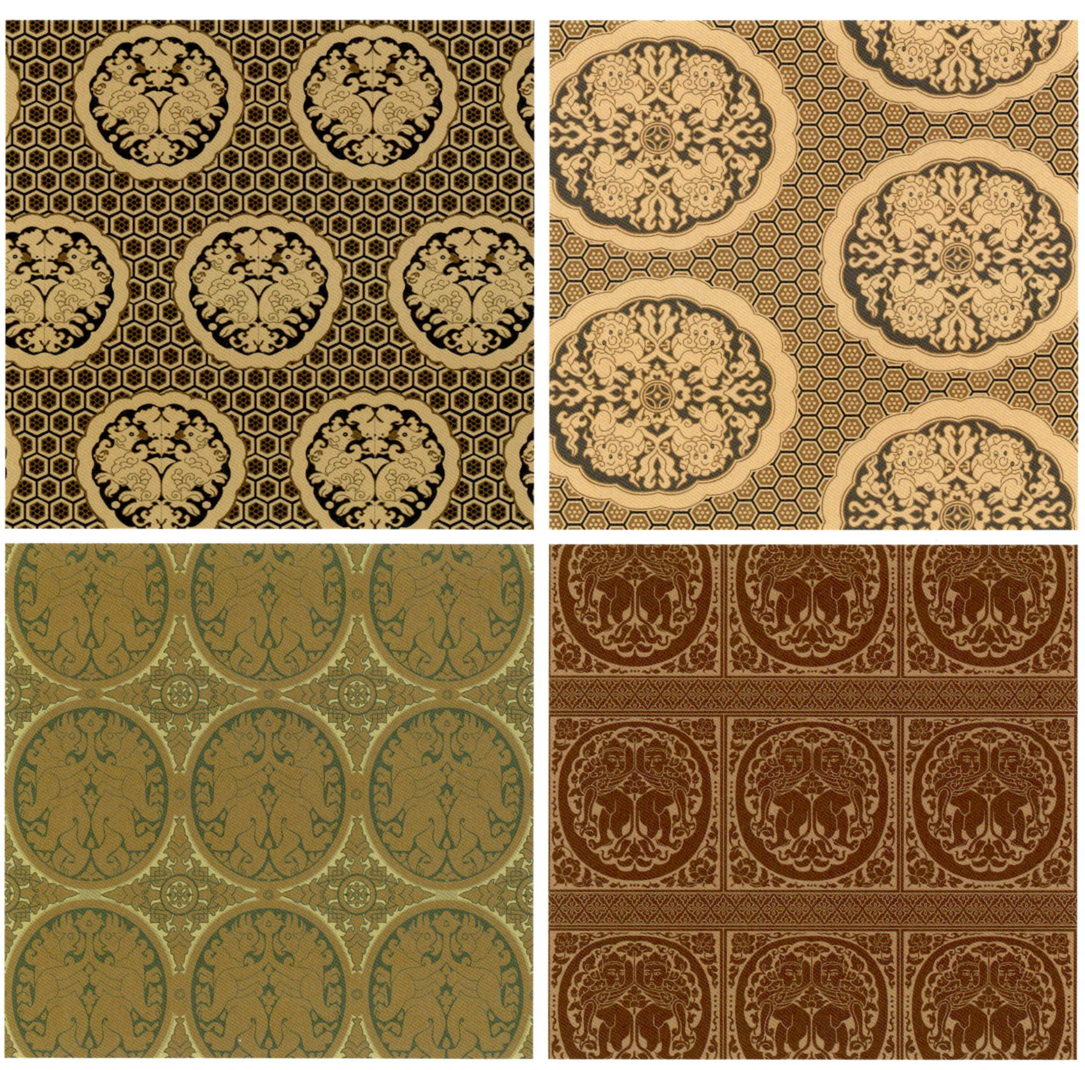

93. 库菲体团窠

所谓的库菲体流行于阿拉伯时期。阿拉伯人喜欢用文字装饰图案，从而形成了一种设计风格，在当时的织锦上流行。而爱好此风格的人可能并不懂得阿拉伯文的真谛，只是一味地进行模仿，最后形成的设计形似阿拉伯文字，却无阿拉伯文含义，所以称为“库菲体”。此类纹样多见于中国西北的回鹘时期和元代，常用团窠形，而以库菲作团窠环，环内多为对兽，或是对狮、对鹰、对羊、对孔雀等。

a. 团窠对孔雀纹锦
b. 团窠对牛纹锦
c. 团窠对格力芬纹锦
d. 团窠对鸟纹锦

94. 滴珠团窠

元代团窠名中有珠焰窠，此名见于《南村辍耕录》，应该是类似于火珠纹的造型。山西永乐宫壁画服饰图案中有赤地珠焰兔纹，北京双塔寺出土贴罗绣僧帽上的云纹也很像火焰纹，或许也可称“珠焰窠”。珠焰窠在西方或称“滴珠团窠”，带有瑞果纹的风格，后来演化成为佩兹利纹样。这类外形的窠纹在元代加金织物中十分常见，前面的春水秋山中也有不少滴珠团窠，纳石失的纹样中这类造型也是锦地开光的窠型。

a	b
c	d

a. 棕叶纹织金绢
b. 如意火焰花纹贴罗绣僧帽
c. 云凤纹织金绢
d. 莲花纹妆金绢

95. 肩襕纹样

早在阿城金墓出土的织金袍中，肩襕纹样已经初露端倪，或正是金代史料所载“胸臆肩袖”上的装饰。到元代的袍料上，则经常可以看到袖襕和肩襕。从达茂旗明水墓出土的织金锦袍，到美国大都会博物馆所藏的织金锦，都可以看到这种肩襕的纹样。它们大多是带有阿拉伯文字风格的图案，由圆圈和线条组成。纹样规整变形，上下左右，处处对称，高度程式化，同中国传统迥然异趣，和伊斯兰装饰十分接近。

a. 几何纹肩襕辫线袍
b. 几何纹肩襕织彩锦

96. 云中杂宝

杂宝纹在宋代就已经出现，经常作为散点纹样分布在织物上，主要的种类有金珠、古钱、犀角、书册、珊瑚、方胜、如意、石磬、毛笔、艾叶（或蕉叶）等，还经常和云气、花卉杂处并用，特别多见于云气之中。到元代晚期，正式的八宝纹样开始出现在青花瓷上，即法螺、法轮、宝伞、白盖、莲花、宝瓶、金鱼、盘长。在江苏苏州张士诚母亲娘娘墓出土了两件织物，都用了云龙纹样以及八宝中的四宝混排，这是最早看到八宝纹样在丝绸上出现。

	b
a	c
	d

a. 杂宝云纹绫
b. 杂宝云纹缎
c. 云龙八吉祥暗花缎
d. 莲鱼龙纹绫

97. 琐纹卍字曲水龟背

《营造法式》中提到琐纹有六品，其六曰曲水。曲水纹样在当时十分常用，特别用于装裱，并有“落花流水”之俗称。但从《营造法式》上的配图来看，当时的曲水多为直线正交构成的几何纹样，有着卍字、丁字、工字、王字等纹样。元代出土丝绸实物中也有类似的纹样，最多的是卍字纹，有框无框的，正排斜排的，较多的还有龟背纹或琐甲纹，满地铺开，也是如同曲水。

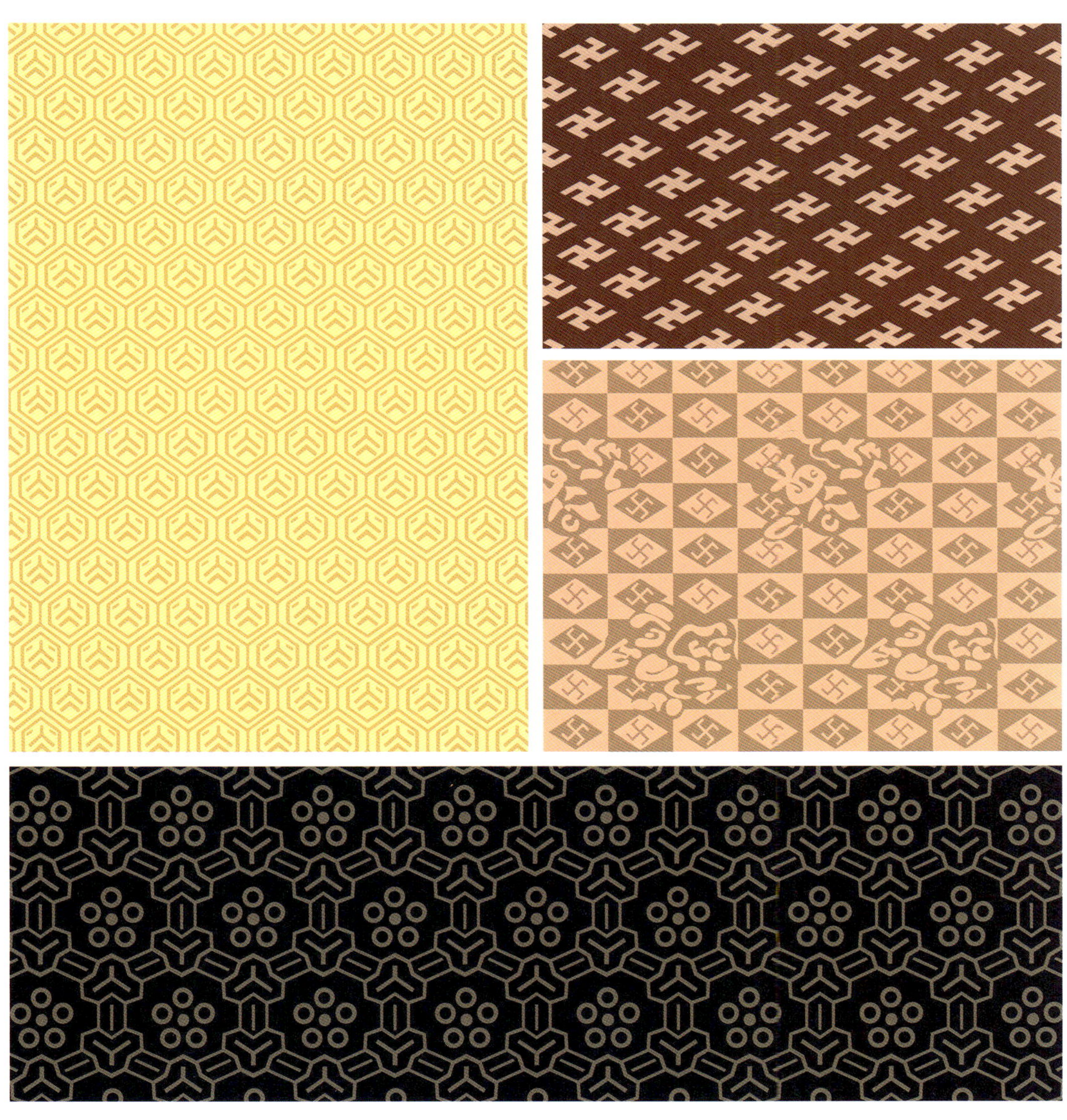

a. 龟甲纹绫
b. 满地卍字纹绫
c. 石榴卍字纹锦缎
d. 龟背朵花纹绸对襟袄

98. 罗地刺绣夹衫

元代丝绸上有绘画性的装饰，最典型的是集宁路古城窖藏里的罗地刺绣夹衫。其图案散点布置，也就是元代所谓散搭子，共绣图案99组，无论是树下读书、湖上泛舟、林中伐木等人物题材，还是秋兔、蝶恋花、春雁戏水等自然景色，其构图一如绘画，写实而生动，在元代织绣品中，实属罕见。而衫上最为重要的是肩部的满池娇纹样，其主题就是池塘小景，芦苇岸边，莲池之中，出现的是一对鹭鸶。

a | b | c

a. 紫色罗地刺绣夹衫之满池娇
b. 紫色罗地刺绣夹衫之奔鹿
c. 紫色罗地刺绣夹衫之奔兔

99. 鸾凤穿枝花

1999年年初，四名少年在河北隆化鸽子洞偶然发现了一个麻袋状包裹，里面有一批元代文书和丝织品，其中包括一件国宝级的鸾凤串枝牡丹莲纹锦被面。整件被面长226厘米，宽160厘米，由两幅80厘米宽的六色织锦拼接而成，图案分为两段。被头为鸾凤对牡丹莲纹，其中又分为两种配色：一为白地线驼色鸾凤对牡丹莲纹，二为蓝地明黄鸾凤牡丹莲纹。被身全为串枝牡丹莲花纹，颜色分段排列。整件被面色调搭配典雅别致，花纹轮廓清晰醒目，提花规整，质地精良。

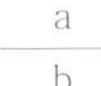

a. 鸾凤缠枝牡丹莲纹锦被面
b. 鸾凤串枝牡丹莲纹锦被面

100. 四季花卉

陆游《老学庵笔记》中提到，靖康初，京师织帛及妇人首饰衣服的装饰纹样总有着四季的景色，如花有桃、杏、荷、菊、梅。从实物来看，当时的花卉却可以见到不少，多以缠枝的形式出现，可以是缠枝牡丹、缠枝莲花等。如是四季花卉的组合，则多是梅、菊、荷、牡丹等四季花出现在一幅图案里。在《老乞大》《朴通事》等书中，"四季花"也是最常提到的丝绸纹样之一。

a	b
c	d

a. 缠枝花卉纹锦
b. 菱格地缠枝牡丹纹织金锦
c. 柿蒂窠花卉纹刺绣
d. 折枝牡丹纹锦

101. 花丛禽兽

花鸟画对织物图案的影响主要体现在选题和造型上，并不在布局上。通常是在遍地杂花之中，穿插鸟禽瑞兽，有时也会有婴戏等图案出现，相当拥挤，这类风格的元代织锦也有不少发现。但最为精美的是美国大都会艺术博物馆所藏的动物花卉纹刺绣，其白色平纹地上以平针绣出了众多的动物和花卉纹，从四个角上长出的是四朵牡丹，其中一朵一直伸展到画面的中心，还有凤鸟、绶带鸟、雁和鹦鹉在花上飞翔。四花之中，还有兔、斑马、立鹿和卧鹿。

a. 缠枝菊花飞鹤纹花绫
b. 动物花卉纹刺绣
c. 绫地彩绣婴戏莲纹腰带

102. 缂丝花鸟

五代至宋，随着花鸟画的勃兴，许多缂丝和刺绣都直接临摹花鸟工笔，将当时的名家名作移植入丝绸艺术领域之中，如《蓼花立鸟图》《翠羽秋荷图》，特别是朱克柔的《莲塘乳鸭图》，至今仍能一睹风采。同时，织物中的花卉与鸟蝶瑞禽的结合更是随处可见。这也是受到当时花鸟画的影响。这几件缂丝虽然不是仿画缂丝，但其图案主题用的也是花鸟。其中一片叶上的花卉装饰是南宋丝织品上的常见手法，而玉兔捣药纹则是缂丝大袍上肩挑日月的一部分。

a | b c

a. 缂丝牡丹双孔雀
b. 缂丝玉兔云肩
c. 缂丝卧鹿云肩

103. 鹤寿连云

云纹在丝绸上的应用很早，但有很大的变化。汉代的云纹如烟云，如霞气，如仙山，连绵不断，到北朝则渐渐僵化。唐宋起主要是灵芝云，分散的，朵状的，与杂宝、龙、仙鹤等穿插在一起。但到了金元，灵芝云纹开始变长，有时成为长长的连云，与仙鹤相伴，作仙道长寿解。当时在西亚地区还出现过带有类似“寿”字的连云寿字纹缎的出现，应该是中国设计对地中海地区产生的影响。

a. 彩绣鹤氅之氅缘
b. 彩绣鹤氅之氅身
c. 如意团寿纹缎
d. 团寿云纹缎

104. 元画中的服饰纹样

此四幅图案均出自元代人物画，分别是《葛洪徙居图》中的孩童服饰、《琴棋书画图》中抚琴男子侧旁仆人手中的琴套、《十王图》之“秦广王”中的门帘，以及《释迦三尊像》中文殊菩萨旁边雄狮背部的背搭边饰。纹样均与人物场景相吻合，如孩童服饰纹样明亮活泼，琴套和门帘纹样明丽醒目，琴套上是折枝花卉，门帘上是隐含着龟背骨架的团花，背搭边饰上呈现团窠凤鸟纹样。这四种纹样都是以不同的纹样单元呈散点排列，是元代丝绸中较常见的一种构图风格。

a	b
c	d

a.《葛洪徙居图》
b.《琴棋书画图》之“琴图”
c.《十王图》之“秦广王”
d.《释迦三尊像》

105. 朝元服饰上的团花

永乐宫三清殿内壁画《朝元图》是我国现存规模最大、题材最丰富的元代壁画，壁画由286个人物组成，表现的是道教诸神仙集体朝拜元始天尊的宏大场景。人物衣冠庄严，此四幅纹样分别采自这些神仙的服饰和道具，有侍女怀中乐器的外套、女仙的衣饰以及坐具装饰。团花纹样起源于唐代，在宋元时期进一步发展，花型多变，繁简不一，以下四幅团花均为中心放射排列，是常见的团花形式。

a	b
c	d

a.《朝元图》白玉龟台九灵太真金母元君
b.《朝元图》道教神祇金星旁之侍女
c.《朝元图》道教神祇水星旁之侍女
d.《朝元图》传经法师

106. 朝元服饰上的几何构成

永乐宫三清殿壁画《朝元图》上的道教众神，其所着天衣的领口、袖边、裙裾等处及所用道具有不少绘有装饰纹样，都是当时丝绸服饰的表现。此四幅图案分别取自四位神仙的服装边饰，均为几何构成的花卉纹样。宋元时期是几何纹的大发展时期，几何加花卉的纹样得以广泛应用，主要形式包括龟背、菱形、如意、金铤、银铤等，体现出优美的秩序感，多用作织锦图案。

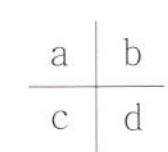

a.《朝元图》北斗七星
b.《朝元图》道教仙曹
c.《朝元图》后土皇地祇
d.《朝元图》南极长生大帝

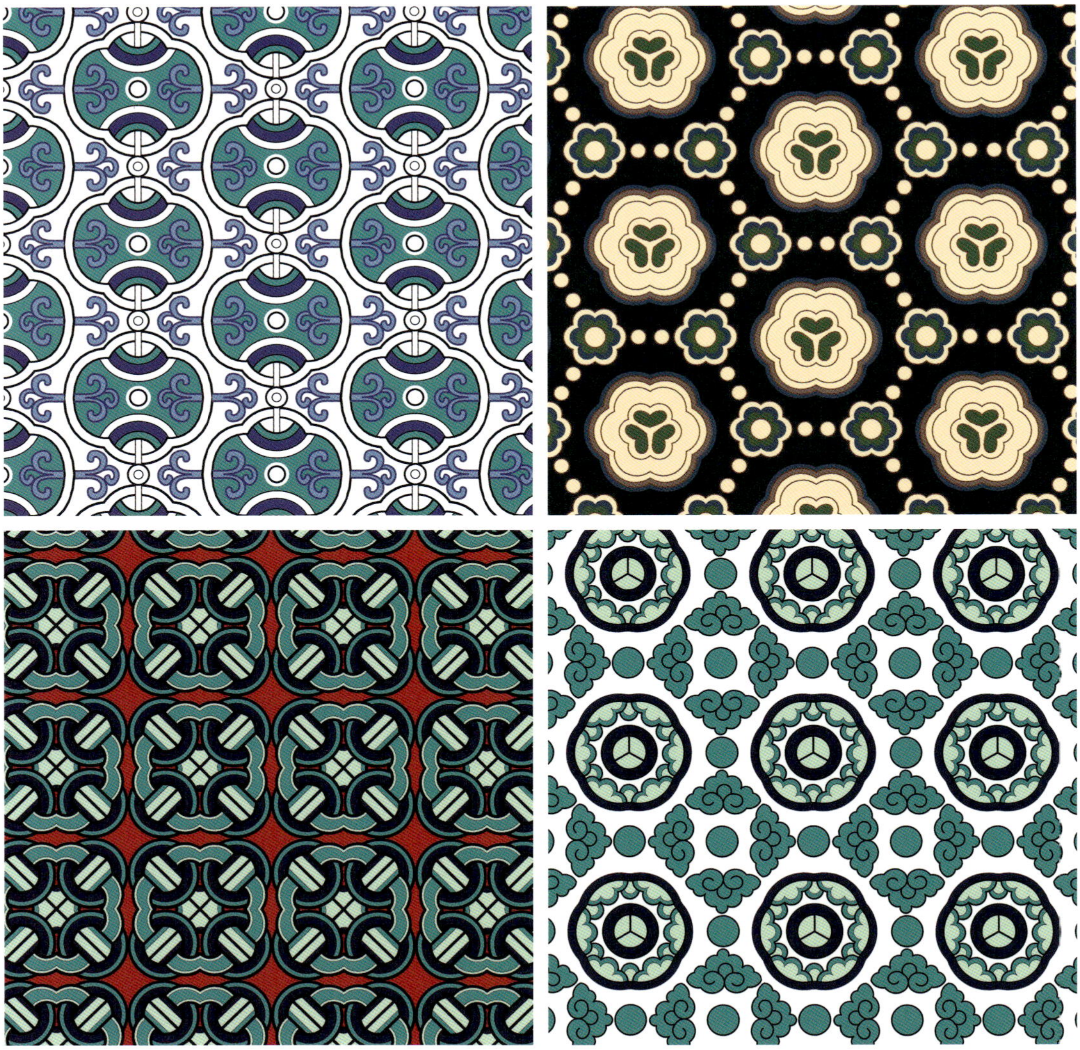

第六章

吉祥定式（明）

一、吉祥之门

寓意，即寄托或隐含的意思。中国早期的艺术品很多都有寓意，到了明代，更是几乎图必有意、意必吉祥。

寓意纹样一般有三种构成方法：一以纹样形象表示，二以名称谐意表达，三以附加文字说明。主题基本为吉祥如意，其中又可分成四个内容：一为贵，指权力、功名等的象征；二为富，是财产的表示；三为寿，可包含平安、长寿之意；四为喜，婚姻、友情、子孙等可归入此类。在具体的寓意纹样设计中，三种手法可以相互配合使用。当时十分常见的图案有：

万寿长春：卍字、寿字、月季花。五福捧寿：蝙蝠、寿字。祝报平安：竹、太平花或瓶。吉庆有余：鱼。连年有余：莲花、鱼。连生贵子：莲、花生、男孩。玉堂富贵：白玉兰、海棠、牡丹。喜上眉梢：喜鹊登上梅花枝梢。五谷丰登：五谷、蜂、灯。事事如意：柿子两只、如意头或灵芝形。岁寒三友：松、竹、梅。四季景：牡丹、荷花、菊花、茶花（或梅花）。富贵万福：牡丹、卍字、蝙蝠。长寿万代：在卍字上系一条带子，再配桃子等物。福寿不断头：蝙蝠、寿桃、卍字地。子孙万代：葫芦系上长长的彩带，并加上卍字，或是由葫芦与藤蔓构成。福寿三多：由佛手、桃子、蝙蝠、石榴组成，如加上桃花、牡丹、菊花、梅花等四季花，又说明是一年四季福寿三多。群仙祝寿：以水仙为主体，加上仙鹤，寓意为群仙，天竹的“竹”，与“祝”同音，借以为祝福。寿桃、灵芝为长寿象征物，它们共同组成群仙祝寿，表达祈求吉祥长寿之意。宜男多子：以石榴和萱草组成图案。太平有象：表示太平气象，由一象上驮一瓶而成，如瓶中又有三戟，则表示平升三级。

二、龙凤呈祥

龙是中国古老的题材，但龙的造型，历代逐渐有变化，到明代慢慢定型，并成为帝王的标准象征。其造型变化丰富，有坐龙、行龙、升龙、降龙、团龙、盘龙、过肩龙、界龙、子孙龙等不同的名称。

坐龙又称“正龙”，龙首作正视状，龙身弯曲，好似一条正面坐着的龙，一般用于帝王服饰的正中；行龙即侧龙，又称“走龙”，表现龙的行走之状，元明之际的行龙往往作回望之状；升龙表示龙在上升之时；降龙表示龙身下探之势。团龙和盘龙均是以圆形作为

图6-1 明定陵出土柿蒂窠龙纹袍料

龙的外形，但其中的龙可为正龙、行龙、升龙或降龙，在团龙之中，也经常出现双龙的情况，此时有两升龙相对、两降龙相对或一升一降相对的升降龙。龙在龙袍中所处的位置又可称“过肩龙”“界龙”等，过肩龙是指肩上之龙，一半在前，一半在后；界龙一般作为界之用。子孙龙是指大龙与小龙杂处在一起。这些龙，大多离不开火珠和云纹。

明定陵出土的十多件龙袍和完整的龙袍袍料使我们对明代龙袍袍料的图案分布等有了一个直观的了解。当时的袍料图案结构一般有三种形式。一是云肩襕袖的形式，即以柿蒂窠（云肩）的龙纹为主、条状（膝襕和袖襕）的龙纹为辅所构成，柿蒂窠的四瓣刚巧就是两肩、前胸、后背四块处的纹饰，条状龙纹则分布在下摆、袖口、领缘等处（图6–1）。二是团龙的形式，根据衣服种类的不同，对龙团窠数及位置的要求也各有不同。明定陵有十二团龙织成的袍料、十二团龙织成的缂丝衮服、八团龙织成的纱袍料等。三是通体作云龙海水纹的形式，这是从明代起开始出现的龙袍式样。

凤是历代皇后的象征，其形象也经历过一个变化。早期的凤凰形象简单而质朴，细节描绘极少；战国秦汉时期的凤鸟多朱雀状；唐代凤鸟的头部吸收了西方鸟嘴的外形，圆眼，翅膀上翘，足如鸡，尾部通常作卷草花卉状。宋元凤凰已与后期相去不远，但尾部通常有作锯齿飘带状和如意云状两种。明代的凤凰基本上继承了宋元凤凰的外形，但渐渐归于统一，颈部极细，通常为忍冬花枝状，腹与尾部连接处有散羽，尾多用锯齿状飘带。此外，翟鸟是女性服饰常用的另一种飞禽纹样。

三、禽兽衣冠

唐代开始，百官等级一般由动物纹样来表示。到宋代，官员等级一般可以从其朝服绶带的花色中看出。据《宋史》记载，天下乐晕锦绶为第一等，杂花晕锦绶为第二等，方胜宜男锦绶为第三等，翠毛锦绶为第四等，簇四雕锦绶为第五等，黄狮子锦绶为第六等，然后是方胜练鹊锦绶。与律法相关者则服青荷莲绶。

明代的官服也分两大类：一类是在正规场合所用的古色古香的朝服和祭服等，另一类是日常所用的公服和常服。《格致镜原》中提及，朝服等级也由绶带图案来表示：一品、二品绶用绿、黄、赤、紫织成云凤花锦，三品、四品绶用黄、绿、赤、紫织成云鹤花锦，五品绶用黄、绿、赤、紫织成盘雕花锦，六品、七品绶用黄、绿、赤织成练鹊花锦，八品、九品绶用黄、绿织成鸂鶒花锦。独御史服獬豸。而更为常见、影响力更大的是公服和常服花样。明代初期，唐宋时代表等级的动物与元代的胸背装饰相结合，形成了我国历史上最有代表性的官服图案，一般用于常服之上。应该注意到，明初的文献上只称“花样”，事实上还应该是胸背之类，即像元代胸背一样将图案直接织入衣料，与后世所说的钉在胸前背后的补子不同。据《大明会典》记载，这类常服花样的等级制度在洪武二十六年（1393年）首次得以确定。常服花样等级主要为：公、侯、驸马、伯为麒麟、白泽。文官：一品、二品为仙鹤、锦鸡，三品、四品为孔雀、云雁，五品为白鹇，六品、七品为鹭鸶、鸂鶒，八品、九品为黄鹂、鹌鹑、练鹊，风宪官为獬豸。武官：一品、二品为狮子，三品、四品为虎、豹，五品为熊罴，六品、七品为彪，八品、九品为犀牛、海马（图6–2）。

这类纹样后来也影响了许多吉祥图案，如官至一品，就用仙鹤纹样来表示得官、进爵、封侯等愿望。

图6-2 明代官服花样

四、花开花落皆有意

表现吉祥如意的大部分纹样是花卉纹。这些花卉的造型仍可分成变形较大的缠枝花和写实味较浓的折枝花，此外，小团花或朵花也还是时有出现。

缠枝花卉取材很广，并不限于蔓枝类的花卉，而是任意取裁，如牡丹、荷花、菊花、茶花（或梅花）组成的四季景图案、竹和太平花组成的祝报平安图案。折枝花卉在明清时期仍十分普遍，但它的发展主要表现为纹样排列得更加自由化和写实化。除了部分简单和小型的折枝花卉外，当时还有自由穿插布置的写生折枝花卉，如明代的青地四花织金妆花缎，牡丹、玉兰、菊花、桃花四种花卉散点错排；绿地折枝花果缎，水仙、菊花、桃子树和如意云散开排列，能见枝干；红地灵芝萱草杂宝花缎中的灵芝和萱草甚至有透视的重叠关系，更为写实。此外，还有十分写实的花鸟纹样，通常是在花丛之中蝶飞鸟舞，如明代青地花缎，是在荷花和牡丹之中穿插练鹊；莲塘鱼禽妆花缎则更为生动，荷花塘中有鸳鸯戏水、鹭鸶独立、鹭鸶衔鱼、鱼乐等场景。

另一种花卉图案可称作“落花流水”，早期出现在宋元，但与当时的曲水有所不同。元代虽有“落花流水”的名称出现，却没能找到明确的实物佐证。或许在敦煌莫高窟北区以及湖南华容元墓出土的一些元代织物上的鱼和花卉在一起的纹样，可以算作落花流水。此后的实物要到明代，但又有多种形式：有落花漂流水上的，也有落花和水分流的，但意境是相似的。

精选纹样 

107. 柿蒂龙

明代在龙纹的专属使用权方面有了明确的规定，且比过去得到了更有效的实施。其形态已臻于定型，其头如兽，有角、鬣毛与须，躯干似蟒蛇一样蠕动扭曲却有带爪的脚，威武有力；而躯干上的鳞片与鳍使它与水有分不开的关系，是一种变幻莫测的神兽。但明初龙纹头形较小，身体比例匀称，锋利的轮爪显得凶猛有力且具动感。到了晚明万历时期，文物中所见的龙纹头形较大，鳞与鳍整齐规律，造型显得更威严庄重，带有浓厚的装饰意味。

柿蒂窠云龙纹织金缎龙袍

108. 龙在花丛云间

明代的龙虽然有帝王之尊，但并非只有帝王可用，民间尚鲤鱼跃龙门之说，明代织物中也有鱼跃龙门升而成龙的图案，只是龙的体量不可与帝王之龙相比，也不会是云肩或团补，龙的造型略显稚朴和古拙。它虽然可以单独存在，或是成对出现，但通常离不开云，就是明代最为典型的四合云，此外也经常与花卉共处，有时还是四季花卉。龙的姿态有行龙、盘龙等不同造型。

a	b
c	d

a. 四合如意朵云团龙织金妆花缎
b. 樗蒲纹妆花缎
c. 四合连云团龙两色纱
d. 折枝花卉升降龙织金纱

109. 万历衣柜

明万历帝定陵的发掘，为我们打开了明代最为雄伟的地下宫殿，其中出土了大量珍贵的丝绸文物，工艺精湛，品种齐全。学者专家们经过仔细的研究与分析，出版了大量图文并茂的图书，使我们有机会了解当时帝王所用的丝绸的信息。其中大都是龙凤之纹，也有不少吉祥纹样，特别是杂宝纹样。虽然明代已有完整的八宝或曰八吉祥出现，但稍显人间气息的杂宝纹样似乎依然很受帝后们青睐。

a	b
c	d

a. 八宝纹绸
b. 八宝纹缎
c. 如意云纹绸
d. 万古如意纹绸

110. 孔府旧藏

孔府又称“衍圣公府”，位于山东曲阜城内，是洪武十年（1377年）后孔子世袭衍圣公的后代居住的地方。其中保存了许多珍贵的文物，包括帝后墨宝、御制诗文、儒家典籍、礼器乐器、文房四宝、金石陶瓷、竹木牙玉、珍珠玛瑙，以及元、明、清各代衣冠剑履、袍笏器皿等。其中的明代服饰收藏为国内之冠，目前分散保存在孔府和山东博物馆。这里的图案均采自孔府旧藏明代服饰。

a	
b	c

a. 蟒杂宝暗花纱褶
b. 四合如意朵云杂宝纹潞绸
c. 杂宝云纹妆花纱

111. 璎珞云肩

明代女性正式冠服中最为常见的是妆花衫裙。上面通常有云肩装饰，云肩可以是柿蒂窠，也可以是璎珞型。柿蒂窠是在云肩外形之内设计纹样，而璎珞型是把云肩做成璎珞的造型。江西南昌明代宁靖王夫人吴氏墓所出缎衫地部织有散点的折枝小花，上以拈金线和彩色丝绒织出八宝璎珞纹，中间缀以八宝及其他杂宝，如双胜、如意、珊瑚、双钱、犀角、书卷，十分典雅。

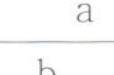

a. 四合如意云凤纹织金缎
b. 璎珞云肩织金妆花缎

112. 凤和翟

人们通常以鸾凤指代女性，但明代女性服饰上最为重要的是凤和翟鸟，《大明会典》中多处提到“大衫霞帔”为明代贵族女性的礼服。除皇后冠服霞帔用织金云霞龙纹外，皇妃与亲王妃的霞帔用织金云霞凤纹，郡王妃的霞帔用金绣云霞翟纹。这类霞帔通常以罗作地，按不同品级织或绣以鸾凤、翟鸟等飞禽，并与云纹相盘绕，成为明代贵族女性最为重要的标志性纹样。

a	b
c	d

a. 凤戏牡丹团花纹补子
b. 彩绣双凤团花纹补子
c. 钉金绣云凤纹霞帔
d. 钉金绣云翟纹霞帔

113. 骨朵云纹

明初的云纹尚带有元代的气息，如山东邹城鲁荒王朱檀墓和江苏无锡明代周氏墓所出龙袍与云纹缎，其间的云纹就有几种不同的样子，有分岔飘逸的条状云纹，有如意云头与云尾组合的云纹，有小卷云纹，还有层层相叠的如意形云纹。但到明中期以后，多见如意云头组合成的四合云纹，在上下左右还附带四条云尾，这样的云纹已经定型，在史料中被称为“骨朵云”。晚明以后，这些四合如意云纹的云尾整齐相连并以斜向排列。

a	b
c	d

a. 云朵纹青罗单衣
b. 勾连云气纹暗花纱袍
c. 四合云纹绸交领中单
d. 四合如意连云灵芝纹织金缎

114. 应景补子

在官补图案之外，明代还有其他一些补子图案出现，如一些舞乐工吏无职人员曾用鹦哥等杂禽以葵花等杂花作补子，宫眷和内臣还用过一些应景补子，即按一年四季不同节令饰以相应的纹样补子：元旦节葫芦景补子、上元节灯笼景补子、端午节五毒（蝎、蛇、蜈蚣、壁虎、蟾蜍）艾虎补子、七夕节鹊桥补子、重阳节菊花补子、冬至节阳生补子等。由此可见，明代补子图案非常丰富和繁杂。

a	b
c	d

a. 鹭鸶纹缂丝补子
b. 獬豸纹缂丝补子
c. 缎地万寿如意纹绣片
d. 玉兔喜鹊纹妆花补子

115. 大花缠枝

缠枝在宋代已有使用，但多为卷草。明代的缠枝花卉取材很广，并不限于蔓枝类的花卉，而是任意取裁，如牡丹、荷花、菊花、茶花（或梅花）组成的四季景图案，竹和太平花组成的祝报平安图案，等等。缠枝骨架的结构常见的有两种：一种是沿袭宋代的S型骨架，所有的花卉均沿一根花枝或花藤展开，明代大部分缠枝图案采用这一方法；另一种是对称型，正面显示纹样，缠枝对称，平稳庄重，也是明代织锦的重要代表。

a	b
c	d

a. 缠枝牡丹莲纹双层锦
b. 缠枝花卉杂宝纹两色缎
c. 缠枝牡丹纹双层锦
d. 缠枝芙蓉纹暗花纱袍

116. 缠枝莲

缠枝图案中出现频率最高的是莲花纹，一般称为“缠枝莲”。莲花不仅是文学家笔下的君子，还是佛教的吉祥代表花卉。在佛教盛行的明代社会中，莲花纹样的受欢迎程度不亚于牡丹，二者的花朵都呈丰满的圆形，在缠枝花流行的明代织品设计中，莲花是主流的图案题材。莲花的花形也有写实与平面图案化两类，有时，莲花与海石榴花或牡丹合并出现，加倍讨喜，极受欢迎。

a	b
c	d

a. 缠枝莲花纹暗花缎
b. 缠枝莲纹两色缎
c. 缠枝莲宝相花纹缎夹裤面料
d. 仙鹤缠枝莲花纹缎夹寝单

117. 花卉杂宝

明代的花卉纹样经常与别的纹样进行组合，最为常见的就是和杂宝进行结合，通常是折枝花或缠枝花与杂宝结合，折枝花或缠枝花花纹较大，枝繁叶茂，根壮藤粗，占据了主导地位，而杂宝纹则相对较小。但明代的折枝花或缠枝花与宋代有较大区别，一般以朵花为主，可以是莲花，也可以是梅花、桃花等，与其相处的杂宝有法轮、珊瑚、灵芝、双胜、火珠等，其体量大小相对比较均衡。

a	b
c	d

a. 杂宝团花纹缎直摆
b. 折枝莲杂宝暗花纹缎
c. 缠枝莲纹两色缎
d. 八宝缠枝莲纹织金缎

118. 折枝花卉

折枝花卉在明代依然十分普遍，但它的发展主要表现为纹样排列得更加自由化和写实化。除了部分简单和小型的折枝花卉外，明代有自由穿插布置的写生折枝花卉，有时牡丹、玉兰、菊花、桃花四种花卉散点错排；有时水仙、菊花、桃子树和如意云散开排列，能见枝干；有时灵芝和萱草甚至有透视上的重叠关系，更为写实。

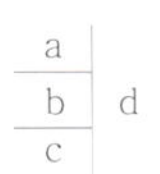

a. 折枝花卉纹暗花绫
b. 折枝花卉纹锦
c. 杂宝花纹缎褶子面料
d. 折枝四季花卉纹绸匹料

119. 折枝与花鸟

明代的折枝花纹样有时与十分写实的花鸟纹样相结合，通常是在花丛之中蝶飞鸟舞。例如，明代的青地荷花牡丹练鹊纹花缎是在荷花和牡丹之中穿插练鹊；莲塘鱼禽纹妆花缎则更为生动，荷花塘中有鸳鸯戏水、鹭鸶独立、鹭鸶衔鱼、鱼乐等场景。到清代，折枝花蝶纹青莲纱在镶边女氅毛上的图案则有成丛的菊花、海棠、牡丹等，还有蝴蝶飞舞等。

a | b / c

a. 折枝凤凰麒麟奔马纹织金缎裙
b. 鸟衔花枝纹缎夹袄
c. 禽鸟折枝纹缎袜

120. 松竹梅

因竹和松经冬不凋，梅则耐寒而放，故中国文人将松、竹、梅称为“岁寒三友”。这一称呼自宋代起始有，南宋的丝织物中也已出现了以松、竹、梅三友为题的织物，到明代更为常见。通常以极为简洁的手法，将一手（三五片在一起）竹叶、三支松针、数朵梅花并在同一折枝之上，相互穿插，相互呼应，极为得体，也有分开单列的，如同折枝。另外，明代也有被称为“太平花”的纹样，其形基本为几片竹叶和梅花开在一起，如果加上灵芝，就是太平如意。

a. 松竹梅双色缎巾
b. 茶绿地平安竹闪缎
c. 长安竹绸匹料
d. 绿地缠织松竹梅闪缎

121. 四季花鸟

四季花是明代用得最多的丝绸装饰之一。当时吉祥图案盛行，好花常开，好景常在，所以多用四季花卉表示一年四季，年年如此。四季寿庆暗花缎广袖袍中有写生的四季花牡丹、荷花、菊花、梅花，加上长绶鸟衔着系有绶带的磬，意为四季庆寿。折枝朵花状的牡丹、荷花、菊花、梅花，如果加上无处不在的蝴蝶，则意为四季无敌，好事独占。若再加上蜜蜂和如意，则意为年年丰收如意。

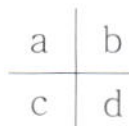

a. 大红地缠枝花两色纱
b. 绿地红缠枝花龙凤纹两色缎
c. 四季寿庆暗花缎广袖袍
d. 折枝四季花卉纹织金缎

122. 曲水落花

宋元时已有专门的水波纹织物，极为写实。而最早的落花流水纹是在明代，一种是水波纹弯曲之间有落花纹样，另一种则是在水波纹地上飘着落花。而这里的图案更可以称为“曲水落花”，它们以几何形的曲水纹为地，曲水中包括工字纹和卍字不断头，上面是各种花卉。这种图案的形式，也类似于后来的“锦上添花”。

a. 明黄地红曲水串枝花卉两色缎
b. 曲水牡丹纹绫长裤
c. 琐地动物纹匣锦
d. 卍字地折枝灵芝织金纱

123. 曲水夔龙

水波纹在明代也非常流行，通常会与落花流水一起出现。但在更多的情况下，曲水纹其实是一种几何纹，由相互垂直或平行的直线构成。回纹、菱格纹、工字纹、卍字纹等都可以看作曲水纹的应用或变化应用。尤其是卍字纹，应用最广。元明之际常见卍字纹或菱纹卍字纹地上的纹样，可与缠枝牡丹配合，也可与瓣窠夔龙配合，总体寓意为万世富贵或万寿无极。

a	b
c	d

a. 回纹绫
b. 水纹暗花绸
c. 回纹地缠枝花卉纹缎绵被
d. 菱格卍字地蟠螭纹绸

124. 梅花朵朵

小朵花纹样在明代也有较多出现。这类五瓣的朵花主要为梅花纹样，花瓣比较饱满，花蕊时有保留。这里的朵梅纹样也是各有千秋。一幅是一朵梅与一只蜂错排，可能就是文献里所说的蜂赶梅纹样，在明代十分流行。另有两幅中的朵梅很大，五瓣梅之外，还有一些侧面的花蕊在装饰一朵独大的梅花。不过，明代的织物中也有较小的桃花，与梅花很像，有时也很难完全分辨。

a	b
c	d

a. 大红地朵梅蜜蜂两色缎
b. 酱色地朵梅蜜蜂双层锦
c. 蓝地朵梅两色缎
d. 朵梅纹潞绸

125. 万寿无疆

明代织物中的吉祥文字明显增多。最为多见的是“寿”字，而且有各种变化的“寿”字，有“百寿图”之称，上百种造型具有强烈的装饰性，被广泛用于皇帝到平民的服饰之中。同时，“寿”字还与许多纹样结合，从而产生新的含义。如与卍字结合，表示万寿无疆；与桃结合，表示寿上加寿；与牡丹结合，表示富贵长寿。“寿”的字体也有多种变化，有时用楷书，有时用宋体，有时也用篆书。还有变形的团圆寿和长远寿者，用“寿”字的外形来增加其含义。

a | b
c

a. 桃寿纹潞绸
b. 四合云团寿锦
c. 福寿有余子孙万代织金妆花缎

126. 寿如太极

与真正书写体距离最远的“寿”字形是阴阳太极。初看起来极为抽象，较难理解，但其实是用了“寿”字中的一个局部，如太极图案一般简单。它出现在明定陵出土的织金奔兔纱上，所以可以推测这一形式的“寿”字在万历时期比较流行。同时，我们也能从类似的织物中找到其变化的踪迹，这把中国古代的道教与神仙思想融入了日常的吉祥图案。

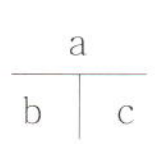

a. 万寿如意雕花绒袍料
b. 万寿如意织金纱
c. 苏轼《寒食帖》装裱

127. 云是鹤家乡

云鹤纹具有鲜明的道家特色，在宋辽时期的纹样中，有不少云鹤加上了仙道人物的造型。在金代出土的道袍上可以直接看到云鹤相间的排列；明代各种绘画中的道袍，也是云鹤纹样。所以，明代丝绸上的云鹤纹样，虽然不一定在道教场合中使用，但大体是长寿成仙的含义，所谓云是鹤的家乡。不过，在这一组图案里，云鹤的排列有许多变化，云鹤的组合也有变化，较多的是有杂宝纹样加入，世界变得更加美好。但有时，云鹤也会变成云凤或凤鹤。

a. 凤鹤纹织金妆花纱
b. 木红地凤凰纹双层织物
c. 麒麟绣补云鹤团寿纹绸大袖袍

128. 如意杂宝

杂宝纹在宋元时期已经出现，主要就是一些器物图形，但到明代已基本定型。当时使用的杂宝纹样有金珠、古钱、犀角、书册、珊瑚、方胜、如意、石磬、毛笔、艾叶等。但樗蒲可以被看成另一种杂宝，其造型起自宋元，如梭形，两头尖，但实物则是在明代最多。樗蒲可以与很多纹样搭配，或花卉，或龙凤鸟兽，盘踞其中，一般可以独花，也可以二破。樗蒲窠一般较小，故而其中纹样不可能太多，所见以龙凤最多。

a	b
c	d

a. 柿蒂窠杂宝纹亮花绸
b. 卍字杂宝纹绫
c. 绛紫地灵芝花卉杂宝两色缎
d. 石青地火焰云杂宝两色纱

129. 吉祥器物

杂宝纹样的种类很多，有时成组，有时不一定成组。成组的杂宝最为常用的就是八宝，八宝也被称作“八吉祥”，是佛教中的八种用具。八宝一般集体出现，有时会以小组出现，不过，其中有些法器也可以单独使用，如宝瓶。这里的一例就是宝瓶和花盘及文字一起使用，文字在瓶上为“永”，瓶内为“安”，意为永保平（宝瓶）安。

a | b

a. 缠枝莲八吉祥暗花缎
b. 富贵永安潞绸

130. 五谷丰登

灯笼是一种较为特殊的器物，为民间所喜闻乐见，常在庆丰收时使用。灯笼纹样用于丝绸首见于辽代夹缬，在史料中亦可见于宋元著作，当时又称“天下乐晕锦”或“天下乐锦”。它在明代得以广泛使用，一般是五谷、蜜蜂、灯笼同时出现，谐音“五谷丰登”。传世的灯笼锦纹样甚多，造型丰富多变，但灯笼锦的排列却基本一致，二二错排。空隙之中，嵌以蜜蜂。有时也有文字织入，如“风调雨顺”“国泰民安”。

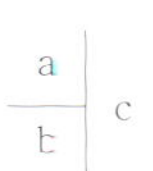

a. 灯笼纹潞绸
b. 灯笼纹两色绸
c. 葫芦灯笼纹双层锦

131. 五湖四海

在中国民间艺术中，葫芦是个十分吉祥的器物，许多民族都有把葫芦作为始祖的传说。但在明代的丝绸艺术中，葫芦之所以出现是因为其谐音。明定陵出土的一件织物上的纹样是五个葫芦组成一个团花，四个海螺组成一个宾花，谐音“五湖四海”，寓意为明代江山一统。其他的葫芦多为藤蔓状，应该是子孙昌盛的寓意。葫芦之中通常还会有汉字纹样，如“吉祥如意”“平安大吉”“平安万寿”。

a	b
c	d

a. 五湖四海两色缎
b. 万寿平安葫芦灯笼潞绸
c. 万事大吉葫芦织金妆花缎
d. 事事如意吉祥葫芦纹两色缎

132. 多子多寿

三多是中国古代人民向往美好生活的主要诉求：多子、多寿、多福。福寿三多纹通常由佛手、桃子、石榴等组成。佛手代表福，桃子代表寿，因为王母娘娘的蟠桃太有名了，民间又有东方朔偷桃的故事，所以把桃子看作长寿的象征。能代表多子的纹样比较多，石榴、莲蓬、葡萄等都是。如加上桃花、牡丹、菊花、梅花等四季花卉，可以被称为“一年四季福寿三多”。

a	b
c	d

a. 双桃万寿纹缎
b. 长寿如意纹缎
c. 三多纹两色缎
d. 桃实纹织金缎

133. 又见几何

明清暗花类丝绸织物中的几何纹样主要有菱格纹、方格纹和勾连卍字纹等。菱格纹主要有两种形式：一是作为内填纹样的骨架，二是作为地纹的几何纹。方格纹多为棋盘格式，相邻方格通过经纬面的不同光泽进行对比，有的织物上仅以棋盘格为饰，有的则在方格内填以卍字或朵花，或可称为“回纹”。勾连卍字纹，又可称为“卍字曲水纹”。

a	b
c	d

a. 卍字曲水团寿字纹绸
b. 菱格卍字地四合如意云纹缎
c. 方棋朵花纹绸
d. 方棋纹绸

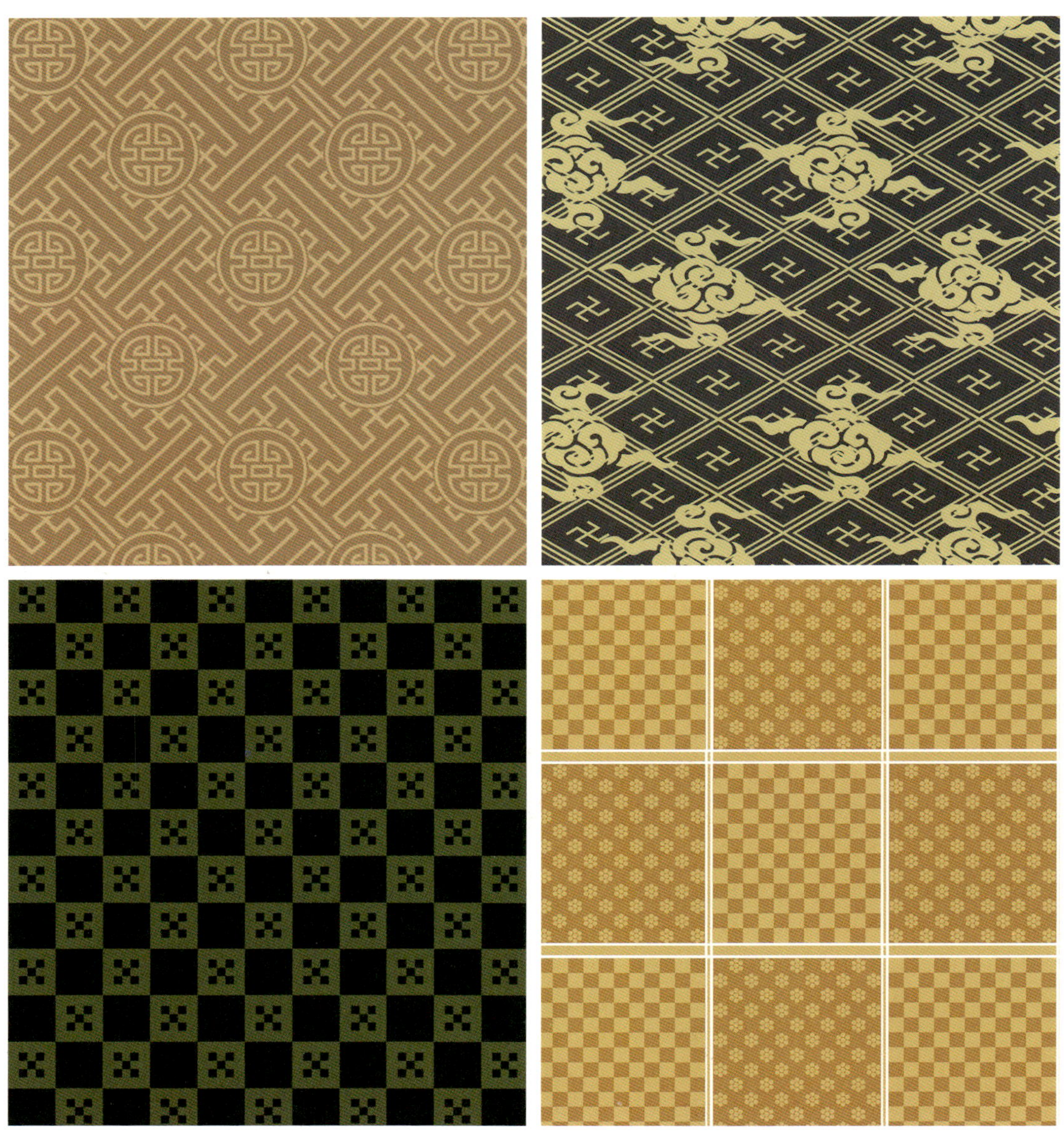

134. 明经皮子

明代官营织造的产品有不少进了宫里，皇帝分赐给大大小小的宫女，宫女们为了积福，又把其中的一部分捐给了寺庙，去做经书的封皮，俗称“经皮子”。这些经皮子随着藏在寺庙里的经书而一同被珍藏至今，但有部分散佚到了世界各地的博物馆。美国费城艺术博物馆和大都会艺术博物馆中就有约500件的收藏，其中大部分是最为经典的晚明丝绸品种，其上的纹样也非常具有代表性。

a | b | c

a. 云龙妆花缎
b. 云龙织金妆花缎
c. 缠枝花卉织金妆花缎

135. 盐池服色

宁夏盐池冯记圈明代杨氏家族墓中共有三座墓葬出土了丝织品及服装，其中一座墓的主人为嘉靖三十三年（1554年）入葬的昭毅大将军杨钊，另一座是万历年间敕封骠骑将军的杨某及其诰封杨淑人的吴氏之墓，所以这三座墓葬出土服饰的年代主要是明代偏晚。出土的丝绸中有大量的图案，正是我们研究明代丝绸设计的极好资料。

a	b
c	d

a. 缠枝牡丹纹绫袍
b. 串枝牡丹纹绫长袖衫
c. 花卉纹缎交领袍
d. 曲水地牡丹桃鹤纹缎巾

136. 肖像绘画中的服饰纹样

明代是肖像画发展的一个高峰，帝王后妃、达官贵人、高僧士人等“传神写照”的肖像画大量传世，风格写实，人物服饰、坐具以及椅披等力求写真。与此同时，仕女画也较发达，从而记录了大量丝绸纹样。这里的图案主要采自明代肖像画和仕女画，四合如意云纹、云鹤纹和缠枝莲花纹是明代最常见的丝绸纹样，龟背地团窠莲纹和云纹地团窠玉兔多用于装饰织物，而落花流水纹是明代起开始流行的，有一种“花落水流红”的诗意。

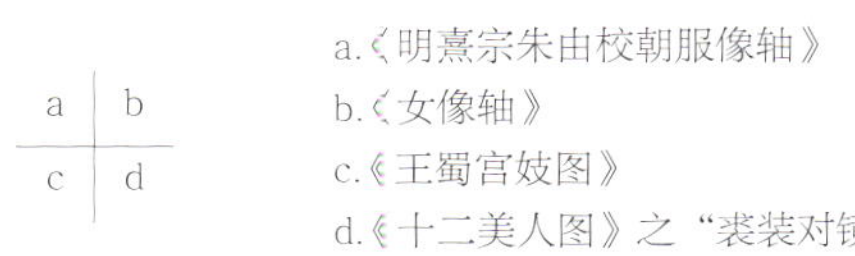

a.《明熹宗朱由校朝服像轴》
b.《女像轴》
c.《王蜀宫妓图》
d.《十二美人图》之“裘装对镜”

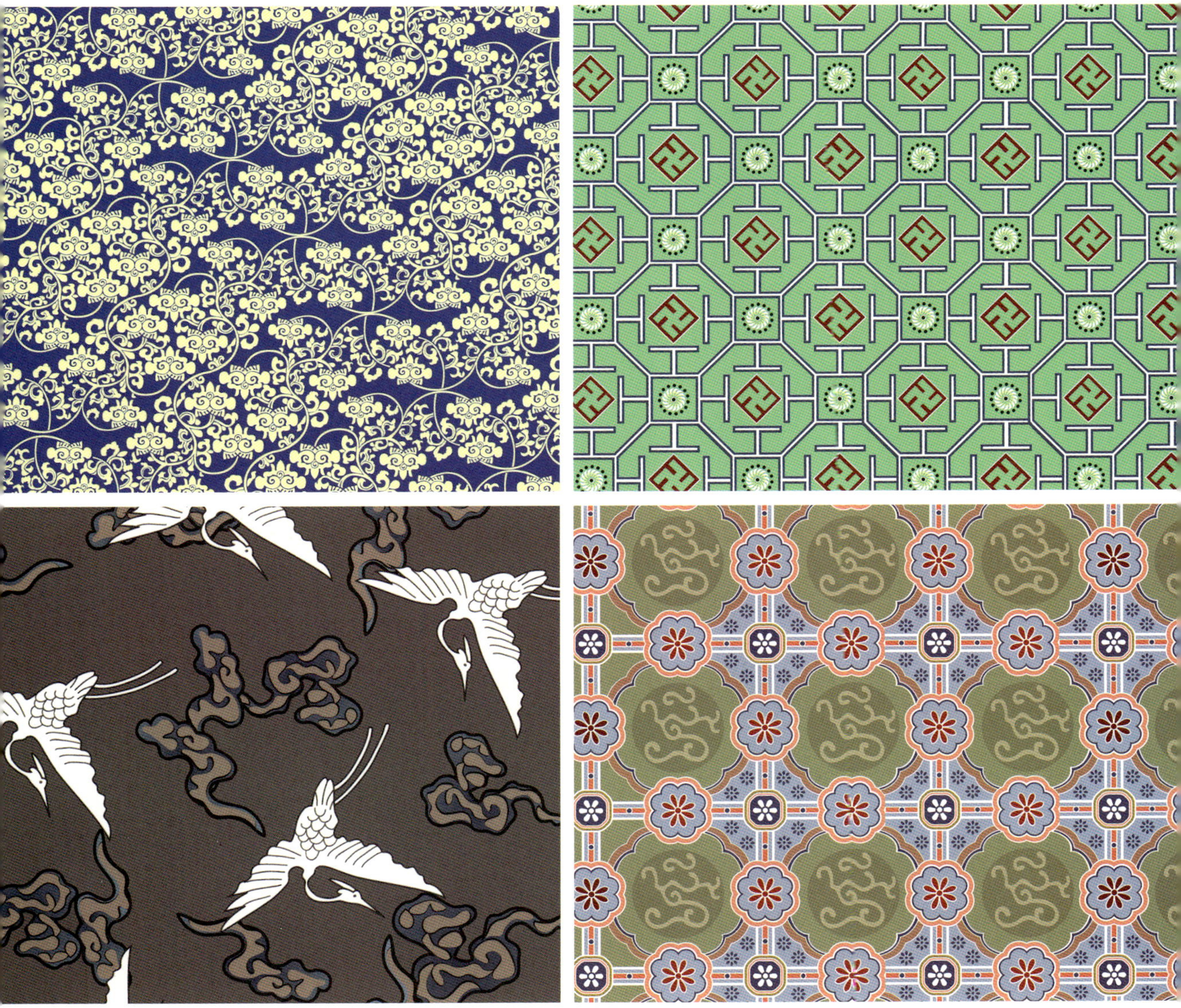

137. 寺观壁画中的服饰纹样

明代寺观壁画是我国古代壁画史上的最后一次辉煌，留存至今的北京法海寺、山西大同永安寺、山西长治九天圣母庙、河北石家庄毗卢寺等都有精彩的壁画，其中又以法海寺的壁画最为精美，代表了明代壁画的最高水平。以下图案取自永安寺传法正宗殿和法海寺大雄宝殿壁画上的人物服饰，团窠图案依然精彩纷呈，有圆形纹样也有椭圆形纹样，还有两朵莲花呈旋转对称排列。缠枝莲花是常见纹样，而几何与花卉的结合也产生了多种形式，美不胜收。

a
b
c | d

a. 法海寺之密迹金刚
b. 法海寺之天神
c. 永安寺之往古优婆姨众
d. 永安寺之紫气星君

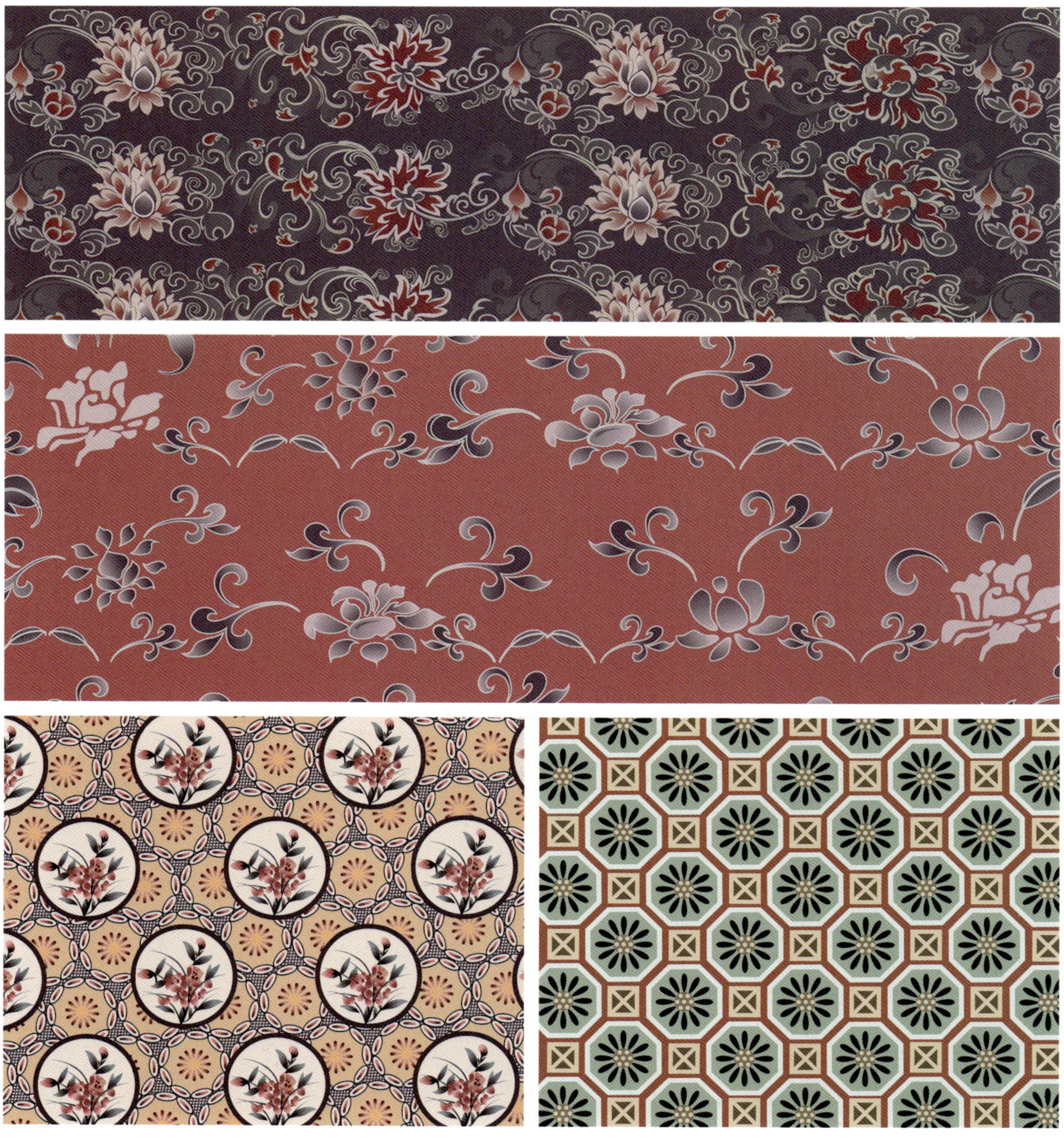

138. 水陆画中的服饰纹样

水陆画是我国一种重要的佛教仪式——水陆法会上悬挂的宗教画，水陆法会意在供奉神佛、超度亡灵、普济水陆一切鬼，因此水陆画人物众多，多采用工笔重彩，勾勒、渲染细腻，设色明丽，服饰上的纹样大都画得十分精致。此四幅图案取自山西博物院藏宝宁寺水陆画和首都博物馆藏水陆画上的人物服饰，均为明代作品。题材各不相同，有几何纹、团龙纹、落花流水纹和冰片牡丹纹，均为当时流行的服饰纹样。

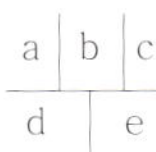

a.《释迦牟尼佛像》
b. 宝宁寺之天藏菩萨
c.《天妃圣母碧霞元君像》
d.《斗母天并诸天众像》
e. 宝宁寺之牛头阿榜诸官众

第七章

生活万象（清）

一、各式花样

清代卫杰《蚕桑萃编》中记载了不少丝绸花样名称，应该是清代丝绸图案各种名称和各种寓意的集大成者，其中还记录了丝绸的明确用途。

贡货花样式：天子万年、江山万代、万胜锦、太平富贵、万寿无疆、四季丰登、子孙龙、龙凤仙根、大云龙、如意连云、朝水龙、八仙祝寿、二龙二则、八结龙云、双凤朝阳、寿山福海。

时新花样式：富贵根苗、四则龙、福寿三多、团鹤、樵松长春、闻喜庄、五子夺魁、欢天喜地、松鹤遐龄、富贵白头、大菊花、大山水、大河图、大寿考、大博古图、大八宝、大八结、花卉、草虫、羽毛、鳞介、锦文诸般。

官服花样式：二则龙光、高升图、喜庆大来、万寿如意、挂印封侯、雨顺风调、万民安乐、忠孝友弟、百代流芳、一品当朝、喜相逢、圭文锦、奎龙图、秋春长胜、五蝠捧寿、梅兰竹菊、仙鹤蟠桃。

吏服花样式：窝兰、八吉祥、奎龙光、伞八宝、金鱼节、长胜风、三友会、秀丽美、枝子梅、万里云、水八宝、旱八宝、水八结、旱八结、花卉云、羽毛经、走兽图、佛龙图。

商服花样式：利有余庆、万字不断头、如意图、五福寿、海棠金玉、四季纯红、年年发财、顺风得云、小龙儿、富贵根雏、百子图。

农服花样式：子孙福寿、瓜瓞绵绵、喜庆长春、六合同春、巧云鹤、金钱钵古、串菊枝枝菊、水八仙、暗八仙、福寿绵绵。

二、世俗人物

贺寿是人物织绣中最为常见的题材。它们通常是巨大的挂轴，将贺寿的良好愿望绣在或是织在挂轴之上。群仙祝寿反映的一般是群仙在瑶台为王母祝寿的场面，但群仙时多时少，最常出现的群仙是寿星和八仙。当只有八仙出现时就称“八仙祝寿”。香港私人收藏的一件缂丝群仙祝寿中，八仙中的吕洞宾、蓝采和、张果老、曹国舅、韩湘子、汉钟离及何仙姑与寿星立于瑶台右方，而铁拐李正在前方渡桥。左下方有仙人或采灵芝，或骑仙鹿，最左边的是与蟾蜍为伴的刘海和折桃的东方朔，另有三人从海上浮槎乘鳌而来，而西王母则跨凤姗姗来迟（图7–1）。

图7-1 缂丝群仙祝寿

图7-2 刺绣百子门帘

图7-3 宝蓝地金银线绣整枝荷花镶边女氅衣

婴戏是清代人物纹样的一个重要题材。由于中国传统中多子多孙是一种福气的表现，因此，童子攀花、童子擎莲、童子戏要等各种题材均有，最多的是一百个童子一起游玩，被称为“百子图”。明清是百子图的流行期，明定陵出土的百子图绣女衣就是一例，其中包括沐浴、观鱼、捉迷藏、考试、斗殴、摔跤、猜拳、放爆竹、捕蝶、杂戏、骑竹马、吹乐、哄童、踢球、斗蟾、打猫、牵偶等各种有趣的活动。清代的百子图实例也很多，较多的是缂丝和刺绣（图7-2）。目前看到较多的是据传为光绪大婚时用过的门帘和窗帘，门帘一般是红纱地上纳纱绣，窗帘一般是红缎子上平绣，其图案正是百子图。

三、花样年华

花卉依然是清代吉祥图案中的主力。除了缠枝花卉之外，折枝花卉在清代发展得极快，这与当时的文人书画的发展有关。清代花卉纹样的一个特点就是循环越来越大，空间越来越大，越发讲究布局，使着装效果就如同穿戴一幅画一样。其中的代表就是所谓的独枝花或一条龙纹样，即独枝花或一条龙铺满整件衣服的图案。但是，这种图案如果全部靠织就成本很高，故而当时一般用刻、绣、印等手法。如中国国家博物馆所藏绀青漳绒整枝兰花女夹袄，用割绒的方法刻出写意的整株兰花，兰叶直至袖子；另一件宝蓝地金银线绣整枝荷花镶边女氅衣（图7–3），用丝线刺绣，就更为漂亮，是一幅工笔荷花图；还有故宫博物院所藏月白地整枝菊印花夹袍，则是印花的一条龙图案。这些可被认为是折枝花卉发展的顶点。清代还有大量的朵花纹样，正如树下花落，也非常美。代表之一或许是皮球花，其外形呈小圆形，但里面的花样有时较为任意。

四、多宝器物

卍字原是佛教中的一种吉祥符号，在唐代时出现，但只是单独地用于佛教场合。到宋代后，由于曲水琐纹的大量出现，卍字作为一种装饰图案的地纹被大量使用。这种卍字纹到明清时期发展成为卍字不断头，寓意为绵绵无绝。

所谓杂宝，是指各种带有一定含义的宝物，这种含义来源于民间传说和宗教习惯。如七宝装饰，唐时指七种珍贵的装饰材料。据《无量寿经》记载，七宝为金、银、珠、琉璃、珊瑚、玛瑙、砗磲七种。杂宝纹在宋元时期已经出现，到明代已基本定型。

八宝纹样有两种说法。一说是从杂宝中任意选出若干宝物组合成一组图案，称为“八宝”。另一说是八宝即佛教中的八吉祥，是佛教中的八种用具。八吉祥一般配套使用，或取其中几件使用。元末所见的八吉祥一般只有四件配套，而到明清时八吉祥的组合已十分成熟。所采用的排列方法一般有纯器物排列和与其他纹样配合排列两种，前者常作散点，后者则灵活多变，时而在几何骨架之中，时而又在缠枝花卉之中，到处可见。

八仙乃古代神话传说中的八位神仙，但八仙题材似乎到清代才出现在丝绸图案中，而且通常以暗八仙的形象出现，即用八位神仙常用的一件法器来代表八仙，包括汉钟离的扇子、吕洞宾的宝剑、张果老的渔鼓、铁拐李的葫芦、曹国舅的玉板、韩湘子的洞箫、蓝采和的花篮与何仙姑的荷花。

清代乾隆之后，工艺品上开始流行博古纹样。博古原指古物之多，乃集古之意。汉代张衡《西京赋》便有“雅好博古，学乎旧史氏”之说。装饰艺术中的博古纹是以古董作纹样，主要包括瓷瓶、铜器、仪器等器物及其中所插的古书、古画或花卉果实之类。

五、锦上添花

锦上添花是中国传统文化中盼望美好事物的最终极目的，锦上添花纹常以几何纹作地，代表锦的纹样，地上再加花卉图案，就是添花。

锦地通常以琐纹的形式出现，但其另一种发展形式是与几何骨架的结合，如八达晕、球路锦、龟背锦，一部分方胜窠的图案也有用琐纹和杂宝纹样相间填入的情况。明清时期的大几何纹样以八达晕最为典型。八达晕又称“八答晕”“八搭韵”，它以水平、垂直和对角线按米字格式做成图案的基本骨骼，将空间分成八部分，在线条的交叉点上套以方形、圆形或多边形框架，框架内再填以各种几何图案。因线与线之间相互沟通，朝四面八方辐射，故名，有四通八达之寓意。

大几何纹样在清代的应用范围极广，形式变化最为丰富，有菱形纹内加花、龟背纹内加花、边环纹内加花、棋格纹内加花、波形纹内加花、卍字纹内加花、花瓣纹内加花等多种形式。如六出如意瑞花纹加金锦、沉香地龟子纹加金锦、梅兰竹菊纹锦等。除了以一种几何纹作为构成骨架并填花外，还有以两种或两种以上的几何纹相互组合的组织形式，如由菱形纹与棋格纹组合构成的清云纹四福锦，由菱形与圆形组合构成的琴棋书画纹锦等。

宋元有锦地开光的图案，这在明清时期仍有沿用，但更多的是打破了开光窠形的束缚，在满地琐纹之上添加花卉纹样，这种图案大概可以算是真正的锦上添花锦了。它又被称为“锦群”，或名“天华锦”“添花锦”（取锦上添花之意）。作为地纹一般是细小均匀的琐纹，其中可以分为几何形纹和模拟自然纹。

精选纹样

139. 服上之龙

清代的龙袍在图案和款式上虽与明代有较大的区别，但还是在其基础上改变而成的，故而也有四团龙、云肩襕袖和遍体云龙等三种基本形式，在清代分别被称为“衮服”“朝服”和“吉服”。清代龙袍上的龙随着时代的发展有所变化，如康熙时期的正面龙，龙嘴似元宝，龙脸较长；侧面龙，龙身细长，张口，龙发从龙颈绕一周而向后飘。乾隆时期的正面龙，龙脸较长，眼小，但很有神气；侧面龙，鼻子较小，嘴张开但不是很大；道光时期以后龙纹变化较大，龙脸较短，额头前扁平，眉毛竖立，舌尖上绕，龙眼较大。

a	b
c	d

a. 团龙纹绸长衫
b. 明黄地团龙绸
c. 盘龙纹纱盘金绣龙袍
d. 五彩云龙妆花缎

140. 毯上龙蟒

此处的桌帷、毯子、炕垫均为起绒作地，片金作花纬。这里的云蟒织金绒桌帷有对蟒戏珠的主题，画面中两条蟒中间是火珠，海水江崖纹贯穿于整条走水下部，在蟒纹周边还装饰有吉祥云纹。另一件双龙戏珠织金绒炕垫的组织结构基本与其一致，主题纹样为双龙戏珠，在四周填满了大小不一的四合如意云纹，龙身周围点缀有牡丹花。除龙头与龙珠外，主题图案呈现中心对称的构图样式。边饰由内而外是回纹、卷莲纹，有明显的明代遗风。纹样中的双龙戏珠与牡丹祥云组合，象征吉祥如意、太平盛世。

a. 云蟒织金绒桌帷
b. 龙凤呈祥雕花绒毯
c. 双龙戏珠织金绒炕垫

d. 子孙龙彩纬绒炕垫

141.海水江崖

海水江崖纹自明代起用于柿蒂窠和胸背图案，明代的江崖一般较为简单，只有三个峰，直而陡峭，海浪汹涌，拍过江崖之顶。但到清代，龙袍中继续沿用并发展了这一纹样，被称为“八宝平水”或“八宝立水”。此时的八宝，其实是一些杂宝。山石一般位于袍服下摆的正中和两侧，海水可分为平水和立水两部分。平水在上，呈波浪形，有时还出现旋涡、浪花等。立水是平水之下的部分，通常只是以五色为斜条。

a. 刺绣团花袍料
b. 刺绣蝴蝶团花袍料

142. 清补图案

像明代一样，清代官员也用补子代表品级。顺治和康熙时都对补子制度做过少量的修改。随着乾隆二十八年（1763年）乾隆朝《大清会典》和乾隆三十一年（1766年）《皇朝礼器图式》的相继修成，清朝的补服制度最终定型。规定文官：一品绣鹤（唯都御史绣獬豸），二品绣锦鸡，三品绣孔雀，四品绣雁，五品绣白鹇，六品绣鹭鸶，七品绣鸂鶒，八品绣鹌鹑，九品绣练雀。武官：一品绣麒麟，二品绣狮，三品绣豹，四品绣虎，五品绣熊，六品绣彪，七品、八品绣犀牛，九品绣海马。但与明代不同的是，清代文武官员补子中的动物只有一只。

a	b
c	d

a.《水府雷神五方行雨龙王像》之团窠云鹤纹补子
b. 纳纱绣白鹇纹圆补
c. 盘金绣孔雀方补
d. 缂丝麒麟方补

143. 团花袍

团花是历代袍料的常用图案，从唐代开始就一直如此。到明代，帝后袍料图案中有一类就是团龙或团花，清代依然如此，特别是在女性袍料中。这里的团花都是清代女性团花袍上的图案，总体都是有吉祥寓意的适合纹样，但也会分出层次，小花在周围形成团花外形，但居中的还是花篮、灯笼、蝶鸟等主题纹样。这些团花会被用于吉服袍或外褂，一身多为八团，每团直径在30厘米上下。

a	b
c	d

a. 彩绣五谷丰登纹袍料
b. 三蓝绣团花补
c. 缎地十字灵杵纹/缠枝莲纹刺绣
d. 缎地双蝶纹刺绣

144. 独枝花

因为织染技术的提高和文人书画的发展，折枝花到清代变得纹样单元更大，更为完整，更讲究布局。这也可以被称为“一条龙”纹样，即一枝或几枝花布满整件衣服的图案。这种图案虽然在辽代已经出现，但要全靠织成本很高，故而当时一般用绣、雕、印等手法获得。通过雕可获得雕花天鹅绒，出现于明代，盛行于清代。印是指雕版印花加上手绘，与染料和染色工艺的发展密切相关。

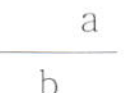

a. 缂丝兰花纹马甲
b. 兰蝶纹妆花缎马褂料

145. 四季丰收

松鼠葡萄这类纹样组合可能源于明代，但到明末清初才较多地出现。葡萄果实成串成簇，象征丰收、多子；鼠在十二生肖里排行为首，而十二生肖对应十二地支，因此鼠含有“子”之意。葡萄松鼠纹的寓意为多子多福，这种纹样也常见于明清瓷器。除松鼠葡萄的纹样组合外，还有其他纹样组合，如松针、梅花、蝴蝶、蜜蜂、如意云之间的组合。蜂蝶纹样与四时植物一年景题材的组合，使整个图案有四季丰收、捷报频传之意。

a	b
c	d

a. 吉庆有余织金妆花缎
b. 折枝梅蝶两色缎
c. 双喜团荷江绸
d. 百蝶纹直径纱

146. 杂宝与灯笼

杂宝纹样自宋代起一直比较流行，经常穿插在花卉或几何纹样之间。自清代起，杂宝中又加入了部分古物，与博古纹样有所交集，如磬、琴、扇、瓶、盘。这些器物体现了文人雅士的喜好。清代早期，灯笼纹依然盛行，不过较早期体型更大，装饰性更强，灯笼的悬挂之处，有大量的玉磬、璎珞、葫芦、飘带等，充分体现了五谷丰登、四方同庆的吉祥喜庆场面。

a	b
c	d

a. 花卉博古纹暗花缎军旗
b. 木红地折枝花卉杂宝两色缎
c. 球纹灯笼锦
d. 万寿灯笼锦

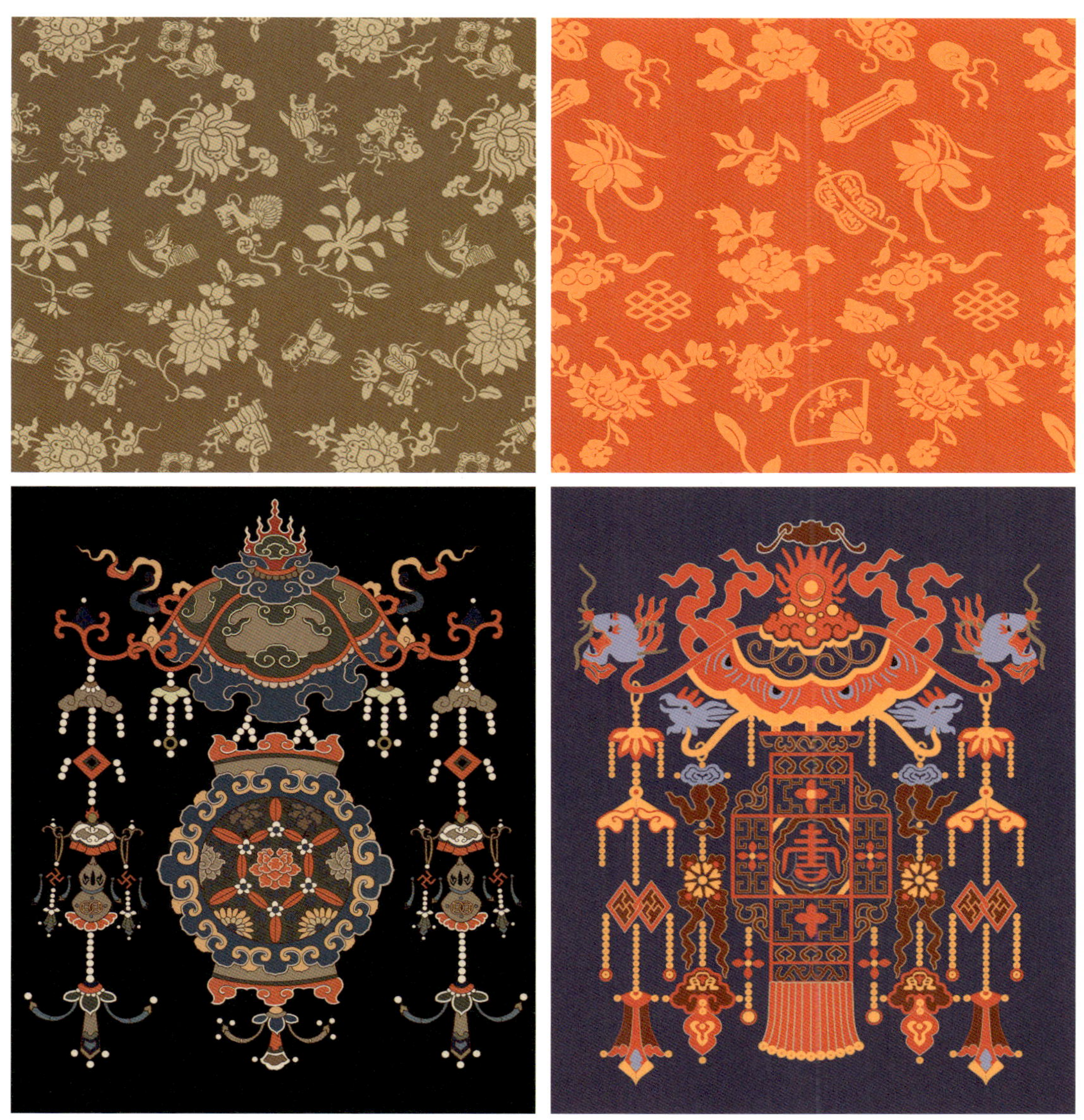

147. 人物风景

清代起有时会将风景织入或绣入丝绸。清代的风景织物实例不多，有时以团花的形式出现，有时则出现在裙摆上。最为著名的应是西湖十样锦。清代厉鹗的《东城杂记》中提到“西湖景”织物：“十样西湖景，曾看上画衣。新图行殿好，试织九张机。”清代马面裙上就有不少此类图案，用妆花方法织出亭台楼阁、湖山景色。同时，清代的人物刺绣也大量出现，特别是在刺绣小件上，多为中国传统的戏曲人物，在外销刺绣上，也有大量反映中国风土人情的图案。

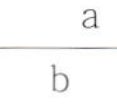

a. 彩织人物风景纹裙面
b. 缎地彩绣人物纹伞

148. 杭绸花纹

在清代的江南三织造中，杭州织造以生产各种暗花织物为主，可谓是真正的绫罗绸缎。清代史料中经常可以看到杭州织造送往北京的绫子、春绸、宫绸、杭罗、春纱等，它们都是较为轻薄的单层织物，在宫里多用作衣服的衬里。图案也比较古朴细腻，时有几何纹如卍字曲水、回纹、格子纹，与四季花中的牡丹、菊花、莲花、梅花等组合，也经常有排列成行的二方连续出现，花纹较为简洁。

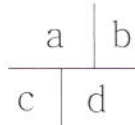

a. 李公麟《蜀川图》之盘长如意团龙纹裱绫
b. 仿仇英《清明上河图》之卍字朵花纹裱绫
c. 几何花卉纹绮
d. 卍字曲水四季朵花纹绸书衣

149. 彼得军旗

彼得一世又称“彼得大帝”，是俄罗斯历史上的著名人物。为对付称雄波罗的海的北欧强国瑞典，彼得大帝于1700年年初发动了大北方战争，对瑞典宣战。同年年底，彼得大帝在纳尔瓦初战中失利，但在1701—1704年又向瑞典发起攻击，获得胜利。瑞典陆军博物馆藏有大量用中国丝绸制作的俄国军旗，这些军旗正是在瑞典与俄国的交战中缴获的，其中有150多种不同纹样，成为研究明末清初丝绸设计的宝贵资料。

a	b
c	d

a. 缠枝宝相花纹缎军旗
b. 折枝牡丹莲花纹缎军旗
c. 蝴蝶花叶纹缎幡盖
d. 缠枝宝相花纹缎军旗

150. 清初暗花缎

彼得大帝所用中国丝绸明显属于清初的织物，其中除对称的图案设计外，还有大量十分写实生动的花树和蔬果设计。这里的花树均一反宋代以来的小折枝朵花设计，基本采用粗壮有力的老枝作干，任意地伸展枝杈，再布以象征富贵和纯洁的牡丹和梅花等。整个造型更像清代花卉中的墨梅或牡丹的画法，与清代后来盛行的独枝花的设计十分相似。

a	b
c	d

a. 缠枝牡丹纹暗花缎军旗
b. 蔬果纹暗花缎军旗
c. 折枝花果杂宝纹缎军旗
d. 折枝花果杂宝纹闪缎军旗

151. 十二美人服饰纹样

《十二美人图》是雍正时期宫廷画家创作的十二幅工笔仕女画，以单幅单人的形式，分别描绘十二位身着汉服的宫苑女子品茶、观书、赏蝶等清娱的情景，其中的织物纹样也以精细的笔法如实画出。此四幅图案采自宫宛女子的衣裙和身边的炕垫等，反映了明清时期流行的丝绸纹样。冰裂梅花纹、冰梅云纹是明代起广泛流行的服饰纹样，是文人审美在纹样上的体现，而八达晕纹、锁地卍字鹿纹则是当时织物中常见的纹样。

a	d
b	
c	

a.《赐书砚图》
b.《塞宴四事图》
c.《十二美人图》之“观书沉吟”
d.《十二美人图》之“烘炉观雪”

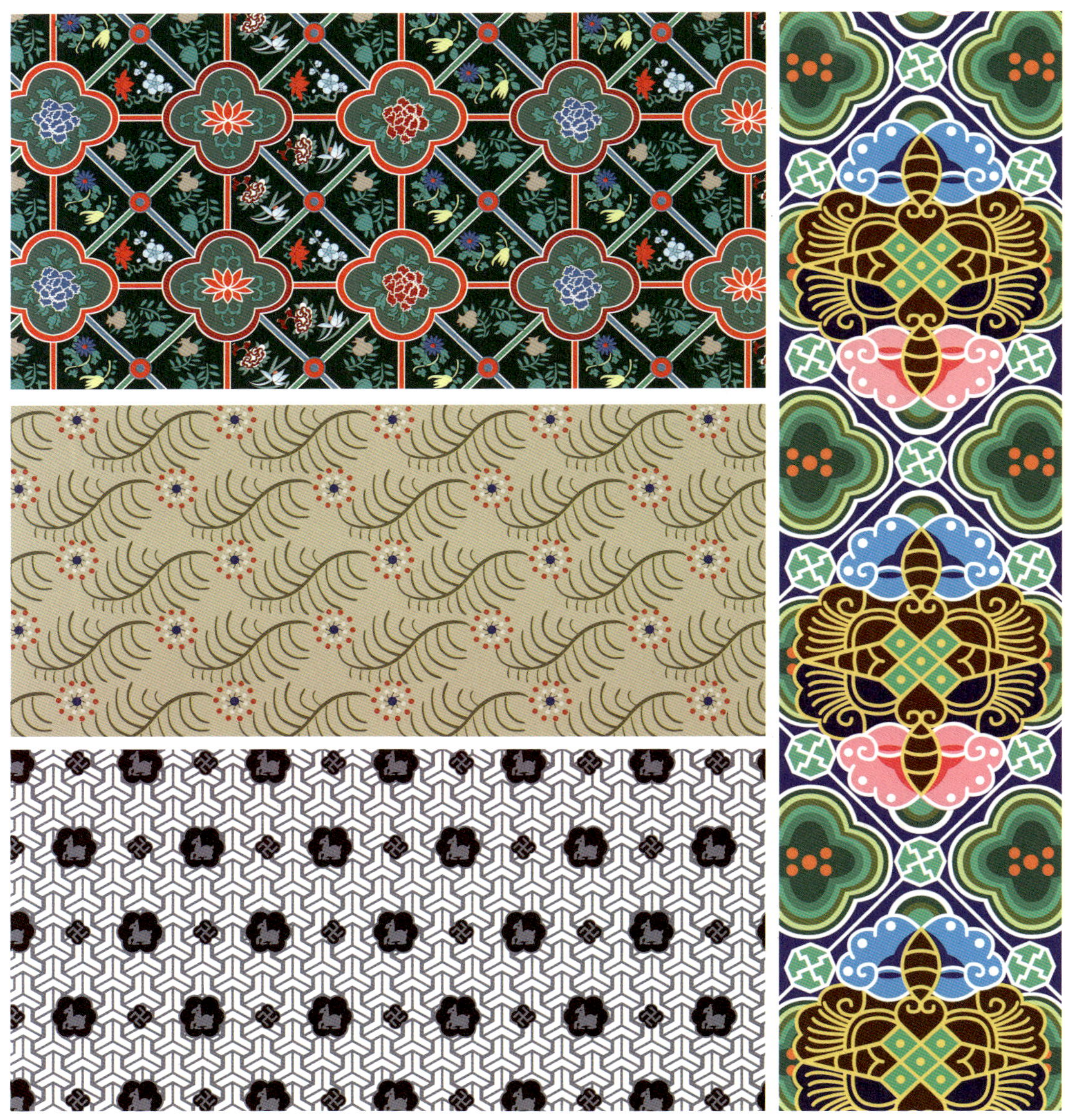

152. 年画里的服饰纹样

清代，年画在民间大盛，既有装饰作用，又有避邪纳福、吉祥喜庆之效。传统年画多用木版水印制作，必要时再加手绘，根据产地不同，形成了不同的地方画派，其中有较多纹样记录的主要有江苏苏州桃花坞年画、天津杨柳年画、四川绵竹年画和上海小校场年画，此外戏曲人物绘本中也有精美的纹样。此处的年画中的纹样来自桃花坞年画和清宫戏曲人物图谱，从中可以看到具有清代特色的丝绸纹样，主要是大量折枝花卉纹样，带有吉祥寓意的文字花卉纹样，以及飞鹤与石榴、牡丹的组合。

a	b
c	d
e	f

a.《八仙图》
b.《刺绣闺门画》
c.《连中三元》
d.《双美赏花图》
e.《一团和气》
f.《婴戏图》

153. 唐卡中的服饰纹样

这里的图案均取自故宫博物院所藏乾隆时期的宫廷唐卡。西藏唐卡绘画艺术的主要表现形式是描绘藏传佛教的各类图像，如祖师、密教本尊、佛、佛母、菩萨、护法、罗汉、尊者及坛城。人物根据身份穿着服饰，华丽鲜艳，法相庄严，且服饰上描绘了大量纹样。一般以大红、宝蓝、绿色、米色为地，以金色描绘纹样，有团花纹、云纹、莲花纹、如意团窠纹等，纹样单元多作间隔排列，或清地，或以圆点、云纹满地铺排，具有藏地艺术的鲜明特色。

a	b
c	d
e	f

a.《贡嘎宁布》
b.《狮吼观世音菩萨》
c.《释迦牟尼佛》
d.《无量寿佛》
e.《罗汉》
f.《松赞干布》

154. 大洋花

“大洋花”是我们对具有明显欧洲风格的大型花卉图案的称呼，这类图案通常呈卷草大花型，花型较大，配色特殊。这类图案最早出现在清初，多是欧洲传教士带来或通过清代早期贸易引进的。清代中期以后，大洋花图案日益增多，使用玫瑰、牵牛、月季、牡丹、莲花等大型花，并对其造型进行变化，如牡丹变成尖花瓣，莲花变成圆花瓣。大洋花渐渐成为中国出口欧洲的外销绸和中国本土使用的织物的常见题材。

a | b

a. 鹅黄地大洋花纹缎匹料
b. 黄地花卉纹缎匹料

155. 君子富贵

漳缎一般先以提花织出缎地绒圈，再经割绒或不割绒形成图案。这类图案一般是四方连续的花卉禽鸟吉祥纹样，可以用作大面积的衣料，包括女褂等。常见的图案有折枝牡丹和寿桃相配，再加蝴蝶和蝙蝠，主要纹样周围还有小枝的兰花、石竹花、菊花、梅花环绕，整个纹样的寓意是四季富贵无敌、多福多寿。此外，还有串枝组合的牡丹、海棠、玉兰、桂花四类，象征玉堂富贵。其中梅兰竹菊是常见的“四君子”纹样组合，与象征富贵的牡丹放在一起，象征君子富贵。

a | b c d

a. 卷草牡丹雕花绒短褂
b. 缠枝花卉起绒马面裙
c. 串枝牡丹花绒缎长褂
d. 折枝牡丹花卉绒缎长褂

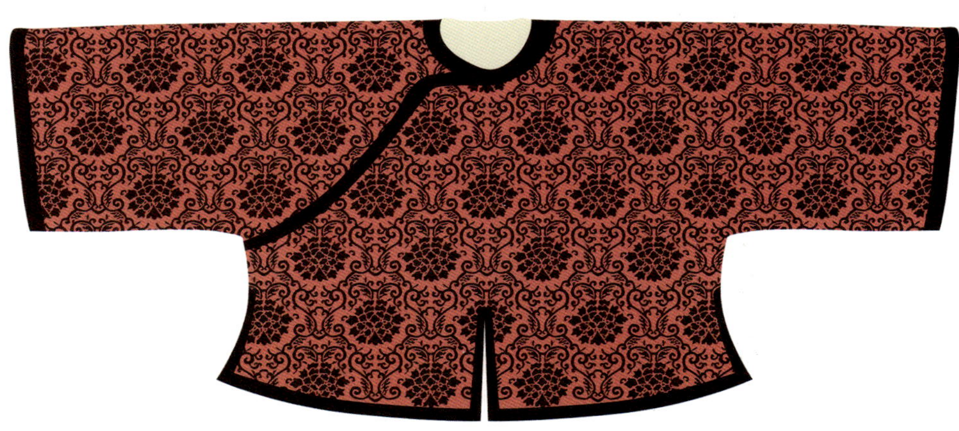

156. 富贵无敌

牡丹象征富贵，所以在清代极受欢迎。蝴蝶是另一种受欢迎的纹样：一方面，“蝶”是“耋”的谐音，与长寿相关；另一方面，“蝴蝶”又是“无敌”的谐音，可以和美好的意愿相连。当牡丹遇上蝴蝶，那就是富贵无敌。有时会再加上菊花和卍字，蝴蝶在花朵旁边上下飞舞，卍字在蝴蝶身上装饰。这样，牡丹代表富贵，菊花代表长寿，卍字代表万年，整个图案的寓意是富寿无敌、长寿万年。

a	b
c	d

a. 富贵无敌起绒衣料
b. 三多无敌绒缎马面裙
c. 牡丹瓜瓞纹绒缎马面裙
d. 富贵无敌绒缎中长褂

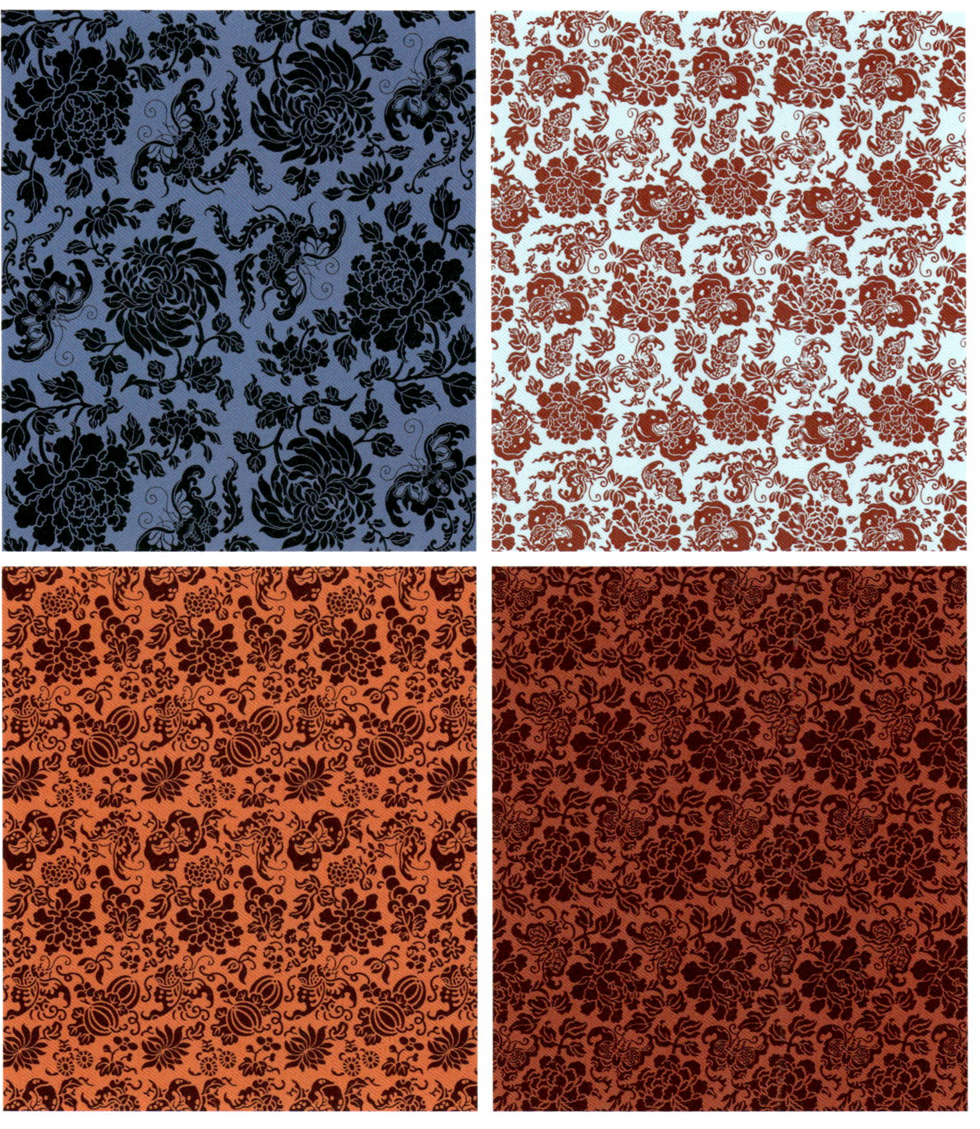

157. 彩漳缎

彩漳缎是比提花天鹅绒更高级的产品，以多彩的绒经起花或起绒，与地经的色彩不同，有时可以加上彩色纹纬织花或妆花，甚至还可以织入金线，使其金光闪闪。清代的彩漳缎虽然总量不大，图案风格却相差很大。有卍字地上织出蝙蝠纹样，并常与寿桃纹样结合的，寓意是福寿万年。彩漳缎上有时是具有异域风格的大洋花图案，卍字地上是缠枝菊花纹，花纹的色彩可以多变，就如同妆花一样，是天鹅绒里的精品。

a	b
c	d

a. 缠枝牡丹彩经绒缎匹料
b. 百福万年彩纬绒缎织料
c. 多子万福金纬绒毯料
d. 蓝地织彩缠枝牡丹纹绒缎

158. 绒毯椅披

椅披常用天鹅绒织造，一般是长条形的，分为四个纹样区域——椅背、椅靠、椅座和椅摆，一气织成，不需裁剪。所用纹样有花卉，也有动物。云蟒纹是较为正式的题材，底部饰有江崖海水纹，椅座部分饰有柿蒂莲纹，在柿蒂窠外上方两角装饰杂宝纹样，下方两角装饰云纹。椅摆处有较多对狮戏绣球纹样，也有凤穿牡丹纹样。

a | b | c

a. 莲花纹彩经绒椅披
b. 凤穿牡丹金纬绒椅披
c. 博古纹金纬绒椅披

159. 牡丹卷草绒毯

清代的大型绒毯可以用作炕毯，图案多为牡丹卷草或花。卷草牡丹彩经绒毯由三块宽度一样的长绒料拼缝而成。绒料以平纹为基本组织，深蓝色的绒经起绒，形成深蓝色绒毛地，以红色、棕色丝线和捻金线为绒经，在不同部位起绒，形成彩色纹样。整件毯子有三条边框，中心是牡丹卷草主题纹样，但多少有些大洋花的味道，此外还有周边的蝴蝶纹等进行装饰。三条边框分别装饰有夔龙纹、卷莲纹和草龙纹。

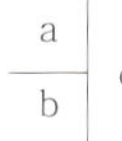

a. 缠枝大花彩纬绒毯
b. 缠枝莲花雕花绒毯
c. 百福贺寿彩纬绒毯

d. 卷草牡丹彩经绒毯

160. 博古纹彩毯

博古在中国古代织物中经常出现，凡鼎、尊、彝、瓷瓶、玉件、书画、盆景等被用作装饰题材时，都可以称为“博古”，也包括书函、古琴等。此处的博古纹彩纬绒毯以红色绒经起绒为地，以绿色、蓝色、红色丝线和捻金线为纹纬显花装饰。绒毯的中心为一个柿蒂窠纹样，中央为饰有飘带的圆鼓，柿蒂窠的四面填充与宝剑、长箫组合的宝瓶，以及盆景、摆件等。外有三条边饰，分别为拐子龙、缠枝莲和草龙纹装饰。

a. 博古纹织金绒毯

b.博古纹彩纬绒毯

161. 龙凤花卉裙

这件清代绒锻裙用的是织成面料，马面图案采用的是与地纹不同的适合纹样，除顶部以外，三侧均以缠枝莲花边装饰。中间是四爪正蟒纹样，四周是云纹和蝙蝠纹飞绕，下部是海水江崖纹。而在裙摆的其他部位，则一蟒一凤，一起出现，所以还是可以将其称为“龙凤”。裙面部分是各类花卉纹样，包括牡丹、水仙、莲花、玉兰等，其间还有蝴蝶穿插飞舞。这件马面裙在织造时，要同时考虑四方连续花卉地纹和局部的龙凤纹样，共需五套不同的花本才能织造。

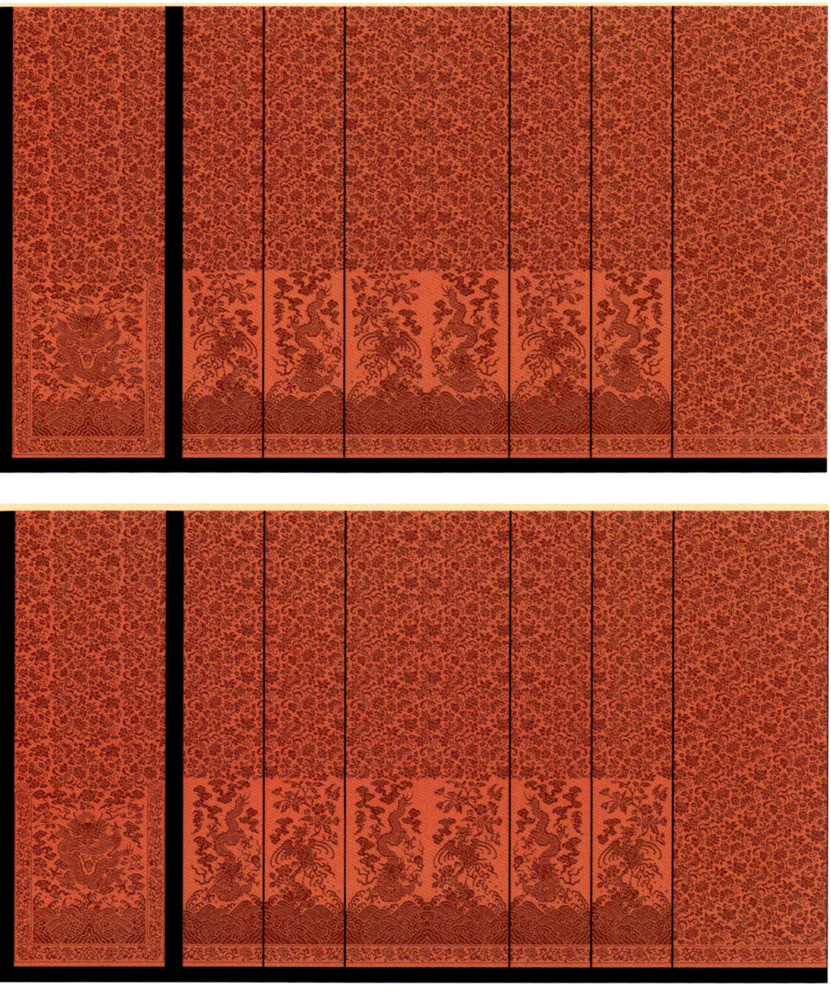

龙凤花卉纹绒缎裙

162. 雕花绒马甲

雕花天鹅绒的优点是先素织成遍地的绒圈，然后根据面料图案的需要雕出花绒，特别适合用于款式比较奇特的服装，这里的一组马甲就是很好的例子。更有趣的是，其中的一件金鱼水草雕花绒马甲的主题纹样为金鱼水草纹，造型饱满流畅。衣身正面、反面都有金鱼，看上去形态各异，各鱼之间还有水草装饰，使画面丰富活泼。在马甲颈圈、袖圈、底摆、开裾处也都装饰了较小的金鱼、水草纹样。“金鱼”与“金玉”谐音，有金玉满堂的吉祥寓意。

a	b
c	d

a. 卍字纹雕花绒马甲
b. 福寿三多雕花绒马甲
c. 金鱼水草雕花绒马甲
d.“延年益寿”瓦当纹绒缎马甲

163. 丹桂一枝花

清代最壮观的服饰图案是一枝花或一条龙，特别适合用雕花天鹅绒雕成。这件“定绒织加重真清水头号漳绒”的整件织料以绒圈为地，绒经割绒形成深色牡丹桂花连枝纹，若将衣料拼接起来就可以看出，此长褂的衣身上是完整的独枝花纹样，有枝叶根茎，扎根土壤之中。从衣摆处的土壤开始，三朵牡丹花次第生长，至胸前枝干分岔，分别向两个袖子延伸。在牡丹花的枝叶上，还有数丛桂花生长，使整件衣服被花卉填满，画面紧凑。

独枝牡丹漳绒衣料

164. 百蝶纹褂料

这件百蝶纹雕花绒衣料共有100多只蝴蝶，由18种蝴蝶形态通过旋转、散点平铺而成。这种由形态各异的蝴蝶铺满整件织物的纹样，在清代被称为“百蝶纹”。“蝶”与“耋”同音，因而有寿至耄耋的寓意。衣料的开裾和领圈、衣边都有边饰，并用如意云头纹样装饰。衣料底摆用蒲扇、渔鼓、葫芦、荷花、笛子、蒲扇、盆花装饰；衣领的边饰中则是渔鼓、荷花、葫芦、蒲扇及盆花。由此可知，此衣料由百蝶和暗八仙装饰而成。

百蝶纹雕花绒衣料

165. 幸福的蝙蝠

清代特别是乾隆时期，蝙蝠纹能与云龙纹一起出现在龙袍上，的确十分幸福，为的只是“蝙蝠”的“蝠”与“幸福”的“福”谐音。蝙蝠最早见于服饰图案是在明代万历帝的缂丝衮服上，蝙蝠与卍字及寿字相伴，表示福寿万代或长寿万福。到了清代，蝙蝠纹样就十分普遍了，只是各时期织绣中的蝙蝠特色不同。康熙时期的蝙蝠肚子两头尖似枣核，翅膀细长，翅膀与嘴处有髭须；雍正时期的蝙蝠翅膀是花翅膀；乾隆时期的蝙蝠肚子呈椭圆形，翅膀较短；嘉庆时期以后的蝙蝠变化较大，肚大、形圆、翅膀短，毫无生气。

a	b
c	d

a.（仿）陈容《九龙行雨图》
b.（传）郭熙《蜀山行旅图》
c. 五福捧寿雕花绒料
d. 团花纹敷彩绒缎织料

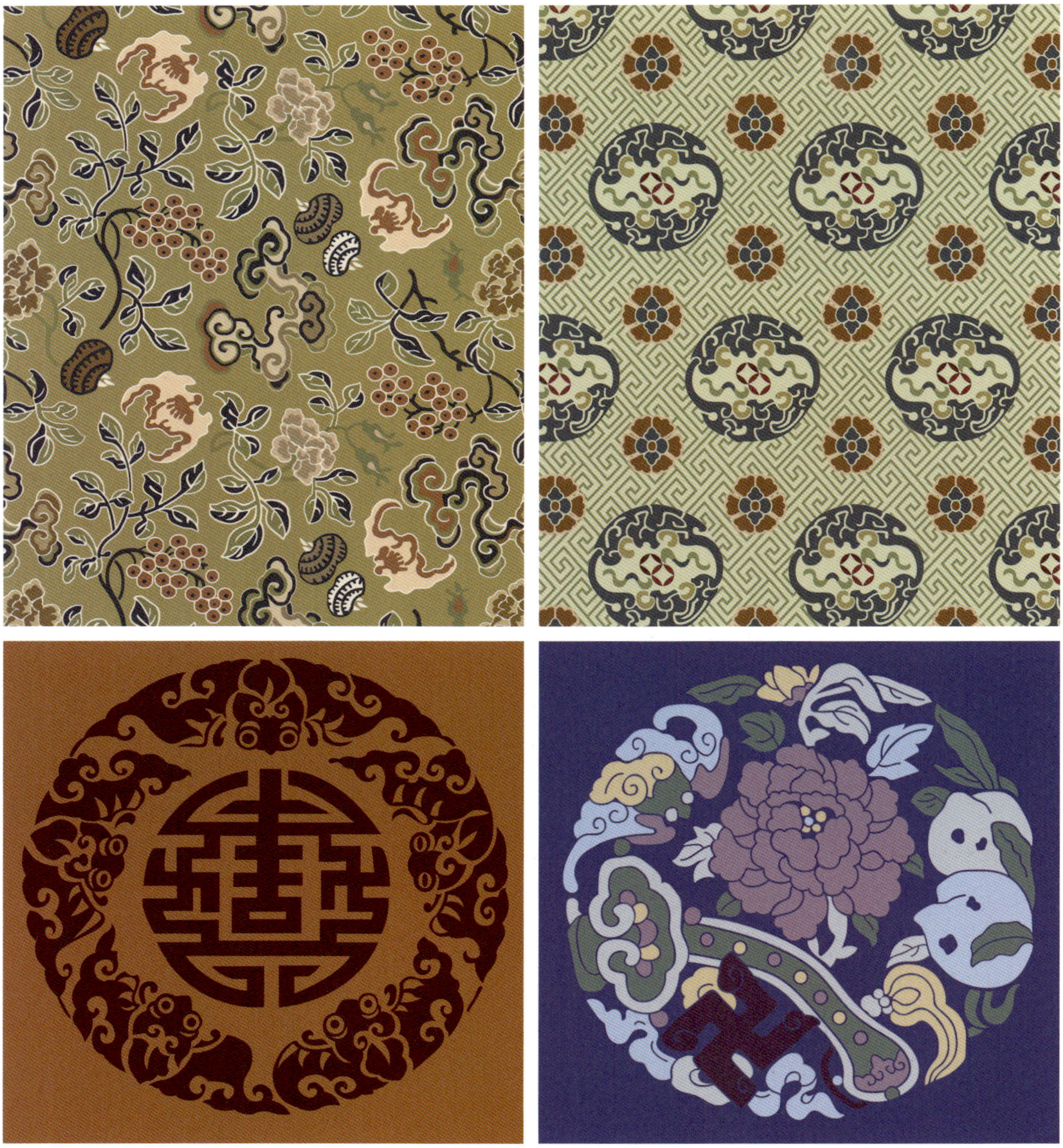

166. 万代图案

到了晚晴，雕花天鹅绒衣料上突然开始流行一种以缎带为形的纹样。此处的一件女褂上有团寿纹、卍字纹和盘长纹，各纹样上都装饰有飘带，另外还有不同形态的蝙蝠点缀其间。卍字纹与盘长纹的寓意都是绵延万代，与蝙蝠和寿字组合，具有福寿万代的寓意。另一件女褂衣的主体用八宝或曰八吉祥纹样，在其衣边则用了暗八仙的纹样，而且每件八宝均用飘带系绕。无论是八吉祥还是暗八仙，都是当时常用的吉祥纹样，整件衣服的主题很明确，就是吉祥万代。

a	b
c	d

a. 万代江山雕花绒短褂
b. 鹤鹿同春雕花绒马甲
c. 万代江山雕花绒衣料
d. 八仙庆寿雕花绒衣料

167. 万代江山

晚清万代纹样的出现和流行不知是否与清政府对能否江山万代的担忧有关，但此时最为重要的万代图案确实就是江山万代。如清地团花里的一些纹样，上方为如意云纹，中部两侧为卍字纹，云纹与卍字纹及空白处都用飘带装饰，寓意是江山永固，万代如意。有时则为盘长和寿字上装饰飘带，寓意是长寿富贵、绵延万代。还有实例为暗八仙和寿桃，再加上牡丹、菊花、兰花、竹子、梅花等吉祥元素，意为八仙祝寿。

a. 福寿万代绒缎短褂
b. 八吉祥纹绒缎短褂

168. 渔樵耕读

渔樵耕读是中国古人的一种生活方式，到清代也反映在丝绸艺术上。这里是雕花绒料和雕花绒短褂的图案：前者用圆形的方式构图，后者用平散的方式构图。前者是团纹形式，在一个团纹中有船上垂钓、树下负柴、田间耕作和檐下读书四个形象。后者像一幅不对称的山水图画，有亭、樵夫、农夫、书生，还有放牛吹笛的牧童、过桥的农夫、垂钓的渔夫等，与渔樵耕读的主题呼应，带有出世退隐、寄情山水的寓意。

a	b
c	

a 渔樵耕读雕花绒料
b. 渔樵耕读雕花绒短褂（细节）
c 渔樵耕读雕花绒短褂

169. 琐纹锦

琐纹被认为是宋式织锦的一种特色图案，一直为人们所喜爱，明清时期又有继承和发展。继承的方法之一是宋代琐纹的直接应用，如琐子纹锦、金铤纹锦、矩纹（工字曲水）锦，但色彩上却有较大不同。其中以卍字不断头最为常见，它又称“卍字曲水纹”，借卍字四端伸出、连续反复而组成连绵不断的连锁花纹，意为绵长不断，连绵不绝。卍字曲水纹既可单独成为纹样，也可成为花卉纹样的底纹。

a	b
c	d

a.《山水图》
b.《翎毛》
c.（仿）燕文贵《秋山萧寺图》
d. 颜庚《钟馗嫁妹图》

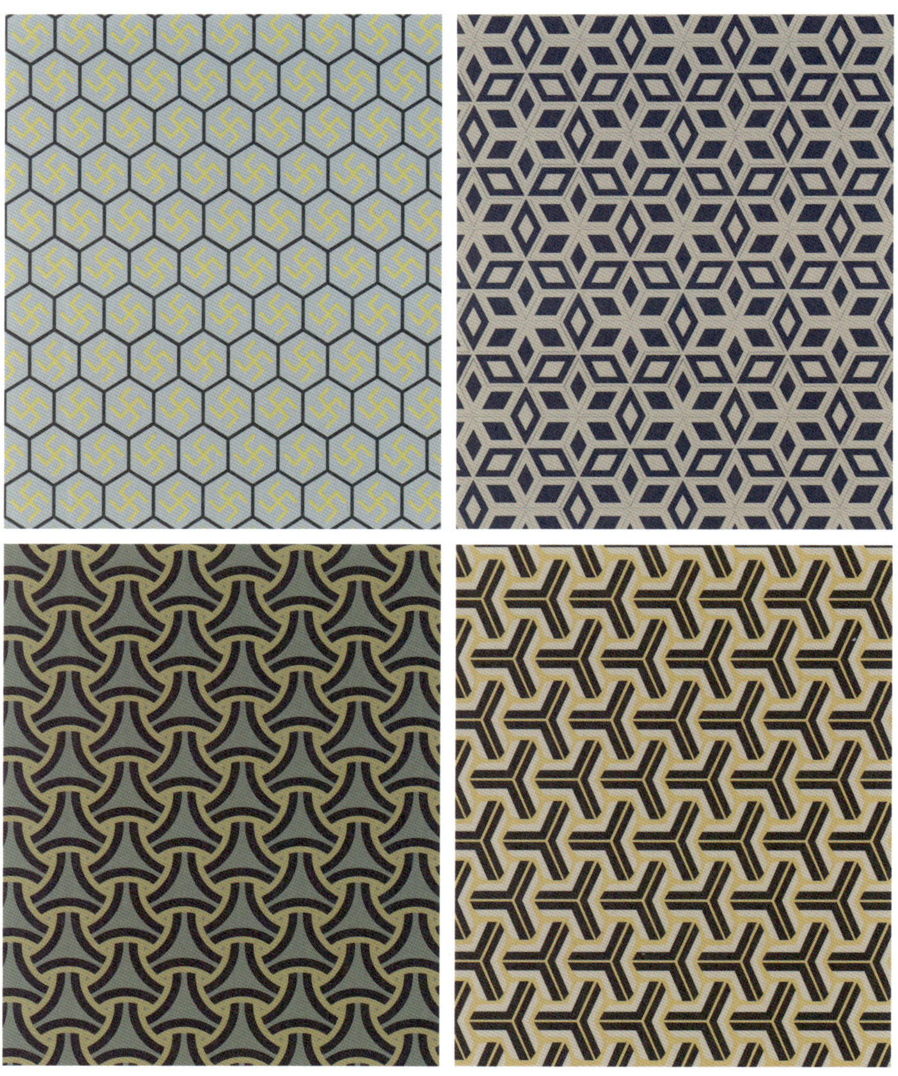

170. 簟纹编织纹和蛇皮

簟原意是竹席，簟纹就是指一种类似于竹编的几何纹样。宋元时期的装裱文献中曾有多处出现簟纹的记载，如《齐东野语》卷六《绍兴御府书画式》里提及青绿簟纹锦，《南村辍耕录》卷二十三中也提到五色簟纹和青绿簟纹等。簟纹在装裱丝绸纹样中的使用主要是作为主题纹样单独构成图案，但并非都是直线，可以有四方形或八边形等图案，有时也会和寿字、夔龙和卍字的菱形等组合在一起。

a	b
c	d

a.（仿）李公麟《群仙礼佛图》
b.《白描人物图》
c. 六角联珠纹锦
d.《胡笳十八拍文姬归汉图》上蛇皮锦

171. 八达晕

清代的宋锦纹样中最为重要的应该是天华锦。天华就是天花板上的藻井图案，通常会以上下左右四方对称连续的形式构成图案，人们喜欢称其为“四通八达”。所以，宋锦图案中有一种复杂的就可以称为“八达晕”，它以水平、垂直和对角线把整个空间按米字格分为八份，在线条的交叉点上套以方形、圆形或多边形框架，框架内再填以各种工字、卍字、琐子、球路等纹样，有时也填以小花纹或杂宝纹。

a.《百鸟图》
b.《四皓图》
c. 爱新觉罗·弘历《鹿角双幅》
d.《耕稼图》

172. 四达晕

四达晕很显然就是比八达晕稍微简单的图案，以圆形等几何形为框架，几何形四周骨架线向上下左右四个方向相连。按照几何形框架组合方式的不同可分为方形、大圆形与小圆形的交叉组合，大小圆形的交叉组合，以及圆形与菱形的交叉组合三种形式。四达晕框架内填充的适合纹样，主要有龙纹、凤纹、团寿纹等，周围空隙中填饰的纹样则以卍字纹为主。大型几何纹中四达晕图案的使用最少，其图案布局、色彩及填充纹样不如八达晕变化丰富。

a	b
c	d

a.（仿）吴镇《墨竹图》
b.（仿）赵孟頫《兰亭图》
c.（传）李公麟《龙王请斋图》
d. 黄地五彩霞锦

173. 八角填花天华锦

天华锦的原意是藻井图案，它与八达晕和四达晕的布局十分相似，只是不具有明显的骨架线，花纹更为繁复、华美，整体效果和谐统一，除用于古书画包首，还多见于明清两代的佛经经面。按照构成天华锦纹样的几何骨架形态的不同，具体可分为八角形填花天华锦、菱形填花天华锦、方形填花天华锦、龟背填花天华锦、四合如意天华锦等五种类型。一般在主体几何骨架中，填织较大的主题纹样，形成主花突出、变化多样的满地锦式纹。

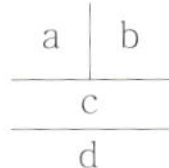

a.《会稽山图》
b.（传）赵伯驹《汉宫春晓图》
c.（仿）赵孟頫《相马图》
d.《垂钓图》

174. 球路纹

球路纹在宋代十分流行，《南村辍耕录》中也对用于装裱的球路锦有多处记载。宋代的球路纹是一种数圆相交的结构，可以分为簇四球路和簇六球路两种。而清代所说的球路纹则是以一个大圆为中心，上下左右配以小圆，大小圆形中间填饰纹样的图案形式，其中小圆又有与大圆相交或相切两种情况。大圆之中常常安排主题纹样，多是夔龙或翔凤。

a	b
c	d

a.（传）项元汴《秋江图》
b.《花鸟图》
c.（传）裴宽《秋郊散牧图》
d. 石涛《游张公洞图》

175. 四合蔓草

蔓草纹是指以花草为题材，并加以装饰、使其成为主题纹饰的一类图案。清代宋锦上的蔓草纹日趋完善，较多地定型为四合蔓草纹。蔓草纹中心填饰小团花，单元纹样间以几何形连接，图案布局为二二正排。有时蔓草纹可以与其他花卉纹间隔，如与折枝牡丹纹相间排列而成，花纹三排一循环，交错排列成四方连续纹饰，周围还可填饰双鱼、古钱等纹样。

a	b
c	d

a.（传）戴琓《百鸟图》
b.（仿）刘松年《山水图》
c.（传）方从义《壹巢云图》
d. 王原祁《江国垂纶图》

176. 云龙纹绫

云通常与龙在一起，云龙相伴由来已久。在书画装裱用绫上，云龙纹由于没有过强的方向性而变得特别适宜，就像龙在云中一样，想往哪个方面游就往哪个方向游。这里的几件云龙纹绫的实例中，龙有S形行走、相对行走等不同姿态，甚至还有盘龙纹的造型。而云的造型，则基本上是单曲线条，表示云气的流畅自如，与龙纹形成反差。

a	b
c	d

a.（仿）周文矩《春闺仕女图》
b.（仿）赵孟頫《兰亭图》
c. 高简《说诗图》
d. 郑重《搜山图》

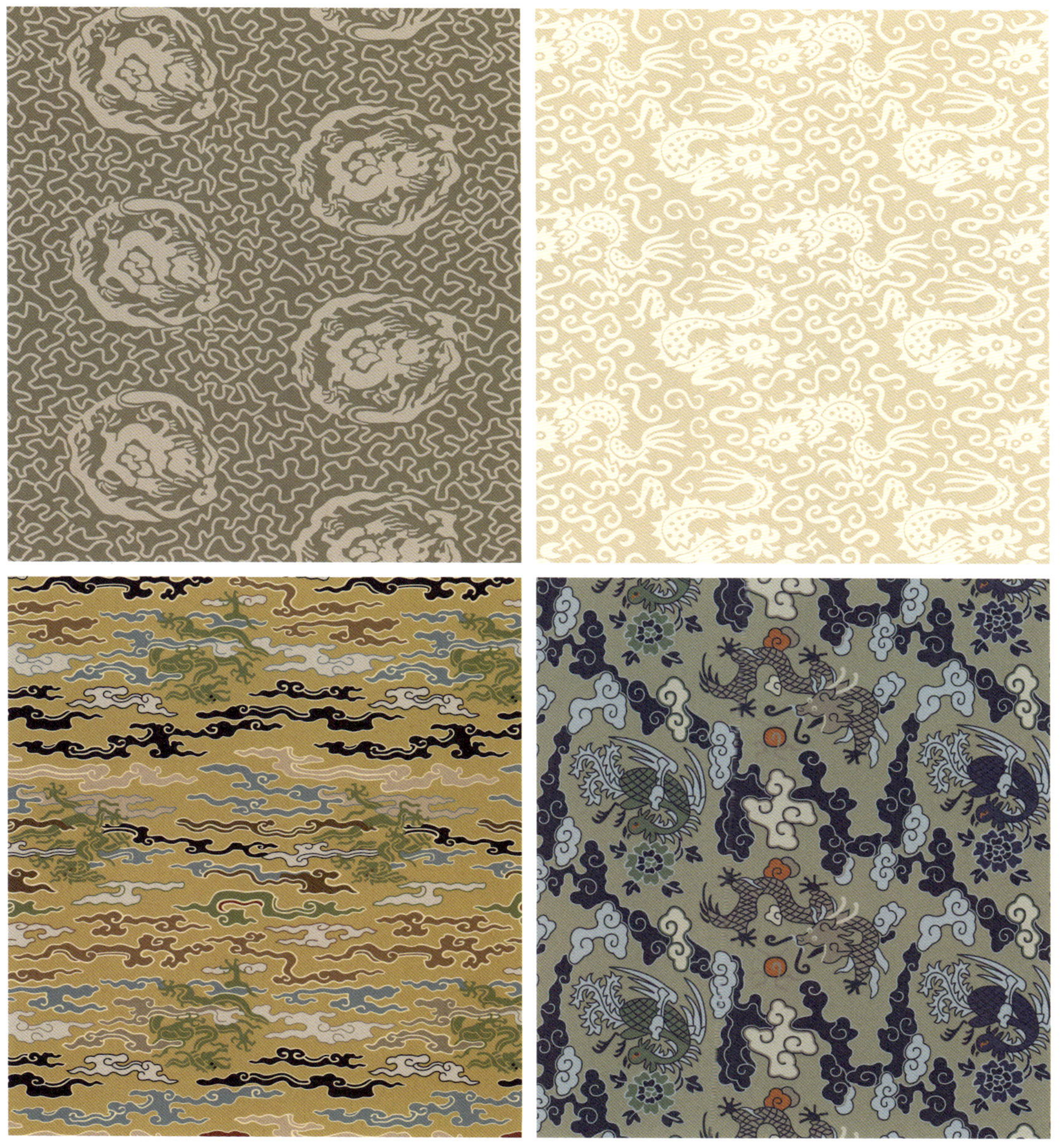

177. 云鹤纹绫

仙鹤是寿星南极仙翁的坐骑，有长寿的寓意，为丝绸织物中常见纹样。飞鹤是仙鹤纹的主要形态，常与云纹、杂宝等组合构成图案。仙鹤在云中飞舞时没有绝对的方向，云纹流动变幻也没有绝对的方向，因此特别适合用作装裱图案。在云鹤纹绫中，飞鹤或与流云，或与连云，或再穿插杂宝，组成四方连续图案。飞鹤本身的造型也是半写实半装饰化，通常是一排朝前，另一排向后，总体十分简洁。

a	b
c	d

a. 云鹤纹绫
b. 赵伯驹《江山秋色图》
c.（传）龚开《百老图》
d.（仿）顾恺之《女史箴图》

178. 云凤鸾纹绫

在书画装裱用的绫织物中，凤纹是最重要的一种装饰纹样，装裱文献对凤纹亦有较多记载，如《齐东野语》中的卷六《绍兴御府书画式》里多处记载了各色鸾绫的使用，《南村辍耕录》卷二十三中亦有各类凤纹织物名的记载。从形态上看，绫织物中出现的凤主要有飞凤与团凤之分，其中以飞凤为多。飞凤又可以和其他飞鸟如鸾进行组合，根据一个单元中凤与鸟组合比例的不同，还可分为一凤一鸟、二凤二鸟、二凤四鸟三种形式，其中以二凤四鸟图案数量最大。

a	b
c	d

a. 王羲之《平安何如奉橘三帖》
b. 马和之《陈风图》
c.《锦堂图》
d《九歌图》

179. 缠枝花纹绫

缠枝花是宋代以来丝绸服饰上流行的图案，一直未有改变。到明清时，缠枝花也被大量用于书画装裱，主要原因可能是其图案左右缠绕，遍地开花，没有明确的方向性，深得书画装裱者所喜爱。但其中的花有朵花、侧花等多种形式，布局都为缠枝式，以S形或C形主茎为骨架，上下交错点缀多个花朵，排列较为规整，最后构成四方连续纹饰。缠枝花纹书画装裱大多是绫，有时可能是缎。

a	b
c	d

a.（传）赵令穰《江村秋晓图》
b.（传）唐寅《蕉叶睡女图》
c.（仿）周昉《戏婴图》
d. 爱新觉罗·弘历《鹿角双幅》

180. 曲水纹锦

曲水是一种几何纹，在几何纹上布置花卉纹样，是一种锦上添花的两层设计。这种设计从商代就已开始，但当时是把织作为地纹，绣作为主纹。到汉代有绒圈锦，事实上就是两层织纹，织锦为地，绒圈为花。到宋代出现曲水纹，就以曲水为地、花卉为题，所谓曲水，其实是一种四方连续的几何纹样。这类纹样，在书画装裱用的锦绫上十分常见，也是宋锦的一种常用设计手法。

a	b
c	d

a. 张宏《画牛图》
b.（传）王渊《百花图》
c.（仿）荆浩《渔乐图》
d.《八仙图》

181. 曲水纹绫

曲水花卉设计的地纹还有模拟自然纹者，非常有趣。最常见的有三种：冰梅纹、云纹和落花流水纹。冰梅的地纹作裂冰状，其实是南宋官窑瓷器开片纹路的模拟，冰纹之中配合梅花，不但视觉效果极佳，而且寓意深远，一般以冰梅的纯洁表示高雅的气质。这种图案流行于整个清代。云纹不同于云龙纹中的朵云，而是流水般的流云，是云上飞鹤或飞雁。这种云纹十分清雅，正是俗语中的孤鹜野鹤之意，起自宋元，流行至明清。落花流水纹则是落花和流水在一起，别有一番意趣。

a	b
c	d

a.（传）陈淳《山水图》
b.（传）钱选《美人招凉图》
c.（仿）朱瞻基《唐苑嬉春图》
d. 周文矩《重屏会棋图》

182. 朵花绒毯

朵花是一种较为日常的设计，特别是在绒毯上，显得大方、典雅。清宫里有一种菊花纹丝绒毯，花虽不大，但全正面或全侧面开放，用细小的缠枝进行连接构图。其色彩有变与不变两种，不变者为单色，变化者属于妆花绒缎。此外，绒毯上也有不少写生的朵花，有时有格子作框架，有时只是朵花，总体色彩较为多变。

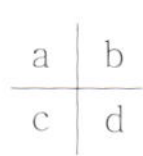

a. 菱格菊花纹织彩绒
b. 散花纹彩织绒
c. 朵花纹彩织绒
d. 缠枝菊花纹织彩绒

183. 锦上添花

锦上添花的设计理念自商周开始出现，汉代正式实现，到宋元有锦地开光或直接是锦地图案，到明清则打破了开光窠形的束缚，在满地琐纹之上添加花卉纹样，这种图案大概可以算是真正的锦上添花纹了。作为地纹的一般是细小均匀的琐纹，如工字纹、卍字纹、琐子纹、龟背纹、菱纹，但也有极为复杂华丽的锦地。最为复杂华丽的是以四达晕或八达晕作锦地，上面再盘以升降龙纹，或者铺以花卉。最复杂的图案是缠枝四季花配佛手、莲蓬、石榴。

a.（仿）吴育《新安汪氏谱牒》

b. 缠枝三多八达晕锦

184. 团花图案

清代的团花图案主要用于袍服，如清初的八团袍。团花图案一般是一个适合纹样，但在圆形里面却是花团锦簇、鲜艳夺目。其色彩常有黄、绿、白等，有时绣出寿字、桃、菊、水仙、天竺、灵芝、竹子、蝙蝠、如意、方胜、卍字等纹饰，中心纹样或为五蝠庆寿，寓意为灵仙庆祝福寿万代如意，或加兰花、石竹、月季、灵芝等纹饰，或绣寿桃和蝙蝠，寓意为连祝长寿。有时还绣三多纹，呈现了生活之美好祥和。

a	b
c	d

a. 刺绣蝶恋花纹团扇
b. 三多纹绣片
c. 缎地刺绣兰花灵芝团补
d. 布地花蝶牡丹纹刺绣肚兜

185. 袖头图案

清代女褂一般是宽袖，袖口带有一圈袖头，正面绣了一圈纹样。这些纹样通常就像一幅中堂，是垂直的立轴，不是风景，就是花鸟。如是风景，就会有亭台楼阁、山水人物等；如是花鸟，也是花傍假山、鸟鸣枝头等。至于采用的工艺，则多为平绣，可以绣出任何风格的图像，此外，还有钉金绣、打籽绣、三蓝绣等不同手法和技艺，都被用来创作这宽7—8厘米、长20—30厘米的袖口风景。

a | b | c | d

a. 缎地荷花金鱼纹绣片
b. 缎地三多纹盘金绣花边
c. 莲蝶纹平绣挽袖
d. 富贵平安刺绣挽袖

186. 花鸟刺绣片

以下几件花鸟刺绣片主要用于肚兜。肚兜为清代较为时兴的内衣形制，常年为成年女性和少年儿童所使用。其基本款为菱形平面，上端剪角形成接近直线的领弧，两侧所配系带绕颈部固定，肚兜左右两端亦有系带可在后背系结。肚兜的装饰部位中最为重要的是底端，有一个类似于角区的区域，可以设计一些适合纹样，如折枝凤凰牡丹、喜鹊梅花，都是人们所喜爱的。

a	b
c	d

a. 缎地螳螂纹绣片
b. 缎地玉兰纹绣片
c. 布地飞凤牡丹绣片
d. 缎地四季富贵绣片

187. 肚兜胸花

肚兜的另一种装饰方法就是把图案放在肚兜的正中央。这类肚兜相对较大，在正面较大的面积可以让绣娘绣上较为从容的图案。当然大多还是属于相对完整的折枝花鸟图案；或是一个相对完整的刘海戏金蟾的纹样；或是与时令节气相关的艾虎五毒纹样，绣上艾叶、老虎、五毒，希望顺利健康；或是莲花婴戏，寓意为多子多福。此外还可以有戏曲人物、传统故事或反映爱情的场面，生动可爱。

a	b
c	d

a. 缎地花蝶纹刺绣肚兜
b. 布地莲波纹彩绣肚兜
c. 缎地连生贵子刺绣肚兜
d. 缎地刘海洒钱刺绣肚兜

188. 帽饰、颈饰图案

清代绣品中有很多是用于帽饰和颈饰的，颈饰挂下来就类似于云肩，外轮廓极为漂亮。帽饰、颈饰上的工艺通常较为复杂，会采用拼贴的方法把云肩或虎头帽等的结构做出来，再在局部加上各种各样的刺绣。有时可以看到完整对称的五蝠捧寿纹样，有时可以看到严格对称的花树蝴蝶纹样；有时可以有完全不同的弯曲领子，有时只能把刺绣的功夫下在深处，在极小的空间做出大千世界来。

a	b
c	d

a. 缎地水仙纹刺绣衣领
b. 缎地四季花卉刺绣帽披
c. 缎地五蝠贴绣云肩
d. 花鸟纹刺绣童帽

189. 葫芦形香囊

葫芦形香囊为清代男子配饰所用。由于这种香囊状如葫芦，上窄下宽，因此用到的纹样也多为竖形的垂直纹样。葫芦之上，经常会绣有向上生长的花朵，插在瓶中的花朵，上下呼应的蝶和花，或者双蝠捧寿和蟠桃的叠加。十分有趣的是，缎地龟荷纹刺绣香囊上，池中一枝荷花盛开，还有一种头生龙角的小龟正从水中钻出来，寓意是连科独占鳌头，也从侧面说明这种香囊是当时男性所佩。

a	b	
c	d	e

a. 缎地福寿万代刺绣荷包
b. 缎地龟荷纹刺绣香囊
c. 缎地瓜瓞绵绵刺绣荷包
d. 缎地牡丹纹刺绣荷包
e. 缎地花卉鱼虫刺绣荷包

190. 椭圆荷包

荷包在清代有多种用途，这里的一组荷包多呈椭圆形，是较为常见的荷包式样，文人可以把荷包系在腰间，用于盛放钱币、钥匙和零星细物，女性也可以用荷包盛放一些女红针线。荷包虽小，上面的图案却通常十分精美。这几个例子中，缎地鱼跃龙门刺绣荷包上是鲤鱼跳龙门纹，辅之以兰花、桃花、杨柳、山石。缎地书中万贯刺绣荷包上，人物居中，怀抱铜钱，左右两边是各式花卉和如意、卍字等，其寓意是有财、吉祥。缎地指日高升刺绣荷包上，一官吏手指太阳，神情得意，表明指日高升。此外，还可以看到蝈蝈、蜻蜓、螳螂、蝴蝶、花卉、瓜果等。

	a
b	c
d	e

a. 缎地指日高升刺绣荷包
b. 缎地蝴蝶纹刺绣荷包
c. 缎地麒麟送子刺绣荷包
d. 缎地书中万贯刺绣荷包
e. 缎地鱼跃龙门刺绣荷包

191. 钥匙袋与眼镜盒

清代末年，人们所用器物越来越多，其收纳、保护、贮藏的功能也越来越明显。钥匙袋与眼镜盒就是其中的两种。钥匙袋的款式是上下两截，如同璎珞或春幡，其上所有的纹样其实是一种适合纹样，也就是设计跟着外形走。这里的纹样有鲤鱼和水波，并辅以玉兰花、桃花、松树和云朵。眼镜盒或是眼镜套，总体来看都是一个长方体，比较方正，其上的图案，有蝴蝶、宝书、莲花等。

a | b

c

a. 缎地平安如意刺绣钥匙袋

b 缎地鲤鱼纹刺绣钥匙袋

c 缎地蝴蝶纹刺绣眼镜套

192. 刺绣荷包

荷包是较为私人的物件，其制作也总是别出心裁，花样多变，最为重要的就是荷包上的刺绣图案。由于荷包体形较小，因此上面采用的刺绣题材一般为草虫鱼果，十分可爱。这里的几个实例中有蝈蝈、甲虫、蝴蝶、公鸡、小花、小草、假山等，造型十分可爱，配色非常鲜艳，带有极为明显的民间特色。在不同的地方，荷包的款式因传统不同会有许多区别，两截的荷包有时也被用作褡裢。

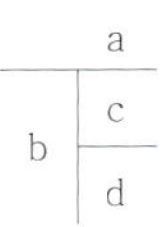

a. 缎地蝈蝈纹荷包
b. 缎地和合吉庆刺绣荷包
c. 布地瓜果纹刺绣荷包
d. 缎地梅莲纹刺绣荷包

193. 百子婴戏

清代是童子纹样的一个高峰期。由于多子多孙在中国传统中是一种福气的表现，因此，童子攀花、童子擎莲、童子戏耍等各种题材在丝绸上均有出现，有持琴、赏画、射乐、采莲、沐浴、观鱼、捉迷藏、考试、斗殴、摔跤、猜拳、放爆竹、捕蝶、杂戏、骑竹马、吹乐、踢球、斗蟾、打猫、牵偶等各种有趣的活动。此件婴戏挂帐可能用于婚礼，是对婚后多子的一种祝福。

a	b
c	d

a.《百子图》挂帐之“持琴”
b.《百子图》挂帐之“赏画”
c.《百子图》挂帐之“射乐”
d.《百子图》挂帐之“采莲”

第八章

简拙之风（少数民族）

一、图腾崇拜

少数民族纺织品中的动物图案可谓是天上飞的、地下跑的、水里游的一应俱全。少数民族的纺织品中，动物的形象大多很写实。这些动物图案都具有美好寓意，能够表达对祖先的崇拜等，或是和当地的神话故事、传说紧密相连，其中最有名的莫过于苗族蝴蝶妈妈的传说。相传，蝴蝶妈妈与水泡恋爱并生了十二个蛋，请鹡宇鸟帮助孵化，才有了万物。从此蝴蝶妈妈就成为苗族的祖先，形态各异、栩栩如生的蝴蝶图案也就出现在了纺织品上（图8-1）。但不同苗族地区的蝴蝶纹并不相同，除了作为单独纹样，它还常搭配牡丹花纹、长寿花纹、石榴花纹或鱼纹、勾纹、几何纹，构成画面。

此外，能够体现至高权力和地位的龙和凤是除蝴蝶外使用最多的图案。侗族、土家族、布依族的勾龙纹，苗族的卷龙纹，瑶族的龙蛇组合纹，虽然名称略有差异，纹样的表现形式也各不相同，但都以龙为原型进行平面化的设计。具象的龙凤纹图案也有使用，多见于苗族的刺绣和毛南族的织锦。凤被看作鸟中之王，常成对出现，在毛南族织锦中与器物搭配组成对凤瓶花纹样，还常与象征富贵的牡丹搭配使用，构成凤穿（衔）牡丹等图案。喜鹊、燕子、麻雀等也是少数民族纺织品中常用的图案题材。其中，侗锦纹样以几何抽象形鸟纹为代表，用两个正方形代表头身，两个长方形代表翅膀，填充在菱形骨架中形成锦面。使用几何形组成的图案还有土家族织锦中的猴子手纹样，和战国塔形几何纹锦上的图案及苗锦中的骨牌花图案类似，通常以横向二方连续的排列形式装饰在织锦上下两端，作为挡头和中心图案相互呼应，组成完整画面。

还有土家族纺织品中由虎纹演变而来的台台花，中心图案是几何形的虎头形象，多用在婴儿盖裙上以驱凶避邪，保佑婴儿健康成长。而象征福气的蝙蝠，象征强大力量的狮子，象征生命活力的鹿，象征繁殖能力的鱼，也都是纺织品图案中的常用题材。

二、源自自然

少数民族纺织品是一种源于生活的艺术表达，心灵手巧的人们将日常生活中看到的植物提炼概括再加以创作，有八角花、太阳花、十字花、八瓣花、莲花、柿蒂花、梅花、卷草等，除了作为主要纹样搭配其他纹样来构成图案以外，更常用作边角装饰，对画面起到衬托作用。有些纹样从古延续至今，经过了多次演变，比较有代表性的是卷草纹，它取自花草植物，经过变形处理，形成了一种用卷曲圆润的枝叶组成的连续纹样，图案线条流畅，呈现出一种流动的美。

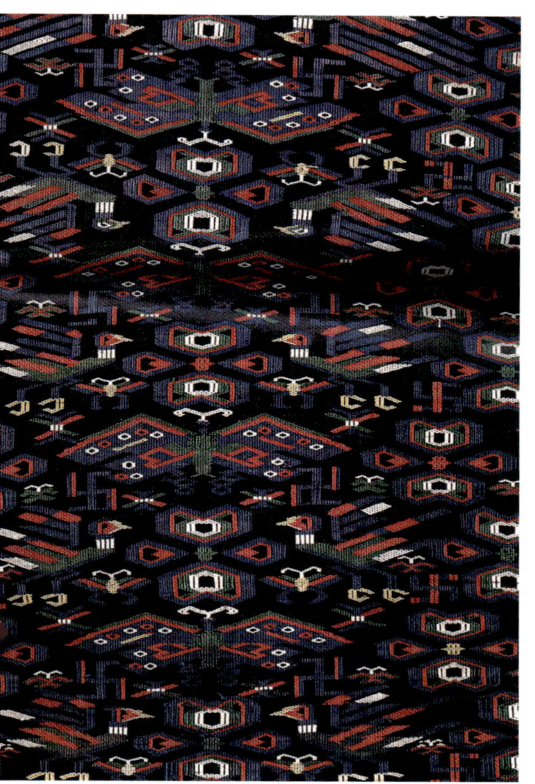

图8-1 苗族对蝶对鸟纹锦

图8-2 侗族八角花几何纹锦

此外，象征乐观勇敢、自强不息的太阳花，象征硕果累累的柿蒂花，土家族的八角花、藤藤花、九朵梅，侗族的八角花，也都是较多出现在织锦中的花卉纹样，通常填充在几何骨架内，形成对称平衡的图案（图8-2）。除了花卉纹，在瑶族的织锦中也有很多树形纹样，但不同地区的形态各不相同，比较特别的是，瑶族的树还有性别之分，想必也是某种象征含义的体现。在苗族还有一种蝴蝶妈妈是从古枫树变来的说法，所以树也是苗族图案的重要元素，常作为装饰点缀在纺织品画面中。对植物纹样的描绘体现了人们对大自然的热爱，以及少数民族的传统农耕文化。

三、天地与器物纹样

自古以来，人们就对自然怀有敬畏之心，因为太阳制造光和热，月亮在黑夜给予我们光亮。太阳纹在各民族中风格差异明显，采用了具象和抽象相结合的表现手法。广西三江一带侗族用九个色彩不同的圆形代表九个太阳，太阳纹被赋予了一个很接地气的名字——“八菜一汤”。苗族在圆形图案的外围，绣上向外发散的白色线条来表示太阳的光芒。这些都是比较写实的例子，保留了太阳的基本外形特征，也有用卍字符号来表示的象征性图

图8-3 壮族八角星纹锦

案，如苗族百鸟衣上的太阳纹样。侗族还很偏爱月亮，有名的榕树月亮纹就是侗族背儿带上的典型纹样，对代表女性的月亮的喜爱体现了对女性和生殖的崇拜。由八个角构成的八角星纹（图8-3），其含义可以有多种解读：光芒四射的太阳、无际的天空、“台架织机”上的部件“卷经轴”两端的八角十字花扳手。[1]将其解读为太阳的民族最多，如壮族、哈萨克族、塔吉克族。不管是太阳、月亮还是星辰，我们对头顶的这片天空始终保有一份敬意。

从天上回归地下，我们脚踩的这片土地是我们赖以生存的家园。自然给了我们庇佑，还需社会劳动的参与来让生活运转。日常生活中所使用的物件，都成了纺织品中图案的主题而跃然其上。承担着买卖、商品交换重任的货币，量食物的斗，装东西的背篓，做豆腐、锯木头的工具，这些看似普通但每时每刻在生活中扮演重要角色的器物，都成了设计图案的灵感来源。此外，古钱的设计遵循了“天圆地方”的理论，折射出没有规矩不成方圆等为人处事的道理，以及人们对财富的追求和向往；而窗是从人们看向外面世界的媒介，在过好生活的同时，人们也不忘看看世界。

[1] 王㐨．八角星纹与史前织机 [J]. 中国文化，1990（1）：84-94.

四、点、线、面的结合

几何纹是由点、线、面等图案元素组成的有规律的纹饰，在纺织品中最早见于商代晚期河南安阳殷墟武官村大墓出土铜戈上的菱形纹、方格纹和回纹纺织品印痕。几何纹是对现实中具象图案的高度概括和提炼，体现的是女红的较高审美和创作水平，它具有强烈的对称平衡之美，在少数民族织锦中大量使用，有菱纹、勾雷纹、回纹、涡纹和其他抽象几何纹（图8–4）。其中的勾雷纹和回纹就常填充在菱形骨架中，与其他纹样搭配使用。此外，几何纹还多用作边饰，以丰富整个画面，具有极强的装饰效果。勾纹是土家族最常见的抽象纹样之一，而四十八勾纹是最典型的代表，它以菱形为中心层层向外扩散，勾勾相连，代表光芒万丈的太阳。

图8–4 彝族菱形几何纹刺绣背儿带

精选纹样

194. 侗族鸟兽纹

侗族织锦采用斜织腰机，以通经断纬显花的方式织造而成，常由两块或三块窄幅织锦拼接而成为被面，或者背儿带。侗族为越人后裔，承袭了对龙图腾的崇拜习俗，同时“敬鸟如神，爱鸟如命”也是侗族自古以来就有的传统，侗族人相信鸟是平安与吉祥的化身，可以带来幸福，便常将龙和鸟这两种纹样织入所用的纺织品中。织锦图案常以几何形的龙纹或鸟纹为主，纵向排列形成菱形构架，辅以其他抽象几何纹来丰富锦面，颜色搭配素雅。

a	d
b	
c	

a. 侗族鸟兽纹锦背儿带
b. 侗族对鸟大龙纹锦
c. 侗族小龙纹锦
d. 侗族对鸟大龙纹锦

195. 贵州黎平侗族织锦

这四件贵州黎平的织锦，均是在黑色棉布上用彩色丝线织出图案，有八角花、太阳花、十字花等花卉纹，也有来自生活器物的斗纹。图案多用抽象色彩，如红、橘、白、绿、黑、蓝等，颜色丰富，色彩饱满。图案布局紧凑，织工细致精美。

a	b
c	d

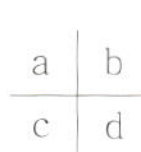

a. 侗族八角花几何纹锦
b. 侗族太阳花几何纹锦
c. 侗族花卉纹锦
d. 侗族斗纹锦

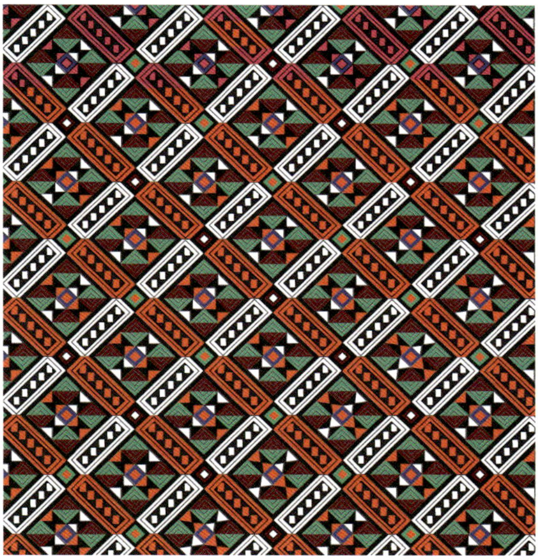

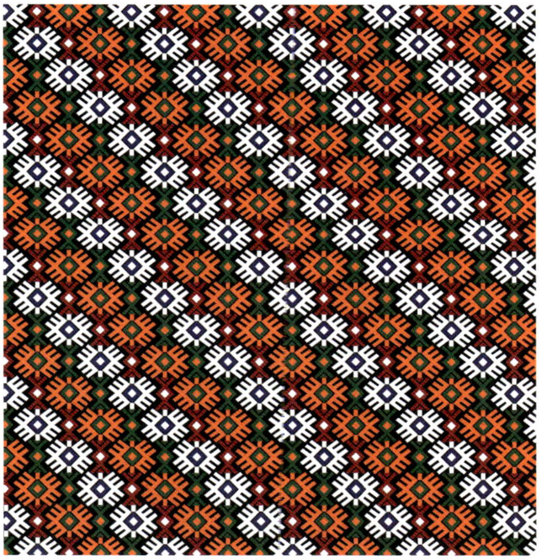

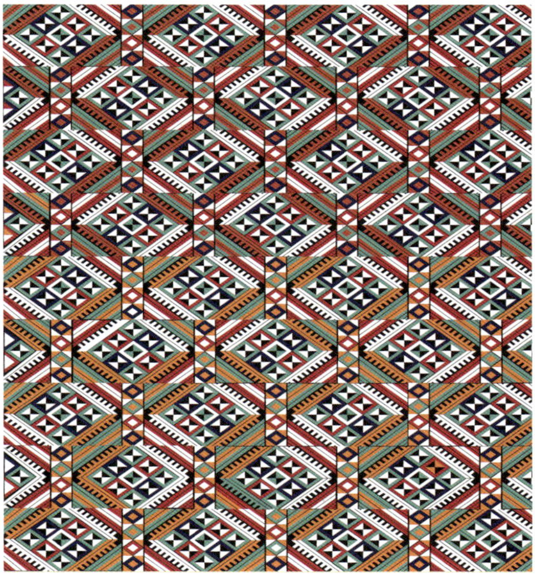

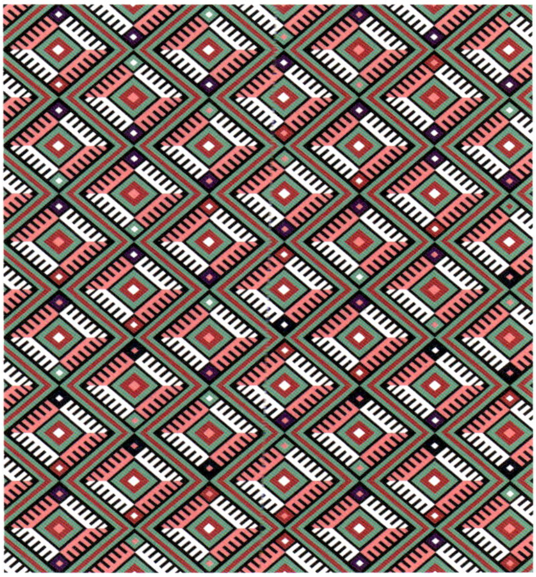

196. 侗族、苗族太阳纹

太阳纹源于人们对太阳的崇拜，太阳被看作生命的象征，照耀万物生长，在侗族的背儿带，苗族的百鸟衣、女服和背儿带中都有出现。广西三江一带侗族的太阳纹最具特色，它由绣着花鸟纹样的八个小圆围绕一个绣着凤凰牡丹纹样的大太阳组成，当地将其称作“八菜一汤”；也有以圆为中心，四周用十字交叉的纹样为点点繁星的组合；还有圆形和花卉、蝴蝶、蝙蝠的组合。但用圆形代表太阳是不变的主题，围绕在圆形周围的线段和色块用来表示太阳散发出的光芒。这几件织物都采用了刺绣的形，使用了平绣、破线绣、锁绣和双线重叠绣等针法。

a	b
c	d

a. 苗族太阳纹刺绣女服
b. 侗族九个太阳刺绣背儿带
c. 侗族太阳纹刺绣背儿带
d. 苗族花鸟太阳纹刺绣背儿带

197. 侗族月亮纹

榕树月亮纹是贵州黎平龙额侗族背儿带的典型纹样。在侗族地区，“榕”与“龙”同音，因此榕树也被称作“龙树”，是顽强生命的象征，侗族人相信榕树里长着月亮，没有榕树就没有光亮，于是常将此纹样绣在背儿带上，将其作为孩子的护身符，祈愿孩童健康成长。图案中间的圆形为月亮花，四周为榕树繁茂的枝叶，表达了后代繁荣昌盛的美好愿望，这里的两件背儿带均使用了平绣和锁绣针法。

a. 侗族榕树月亮纹刺绣背儿带

b. 侗族榕树月亮纹刺绣背儿带

198. 侗族几何纹

背儿带也叫“背扇”，是妇女用来背孩子的一种工具，在西南多个地区都有使用。这件贵州黎平侗族背儿带，织锦部分由方形、矩形、三角形和直线段叠加组合，形成菱形图案，层层嵌套，向外延展。左右两边是八角星纹和十字花纹，交替呈纵向的二方连续排列，图案丰富，主次分明。米色地搭配红、黄、蓝、绿等高明度的颜色，活泼鲜亮。

侗族几何纹锦背儿带

199. 布依族织锦被面

布依族为古代百越的一支，现主要分布在贵州南部和西南部的布依族苗族自治州。布依族织锦使用斜织腰机挑织纬线显花而成，三幅拼接形成被面。图案主要为交叉或平行的直线，通幅曲折而下构成大的菱形骨架，骨架内填充小型菱格纹，呈四方连续排列。

a | b
c

a. 布依族勾龙纹锦
b. 布依族几何锦字纹锦
c. 布依族勾龙纹锦

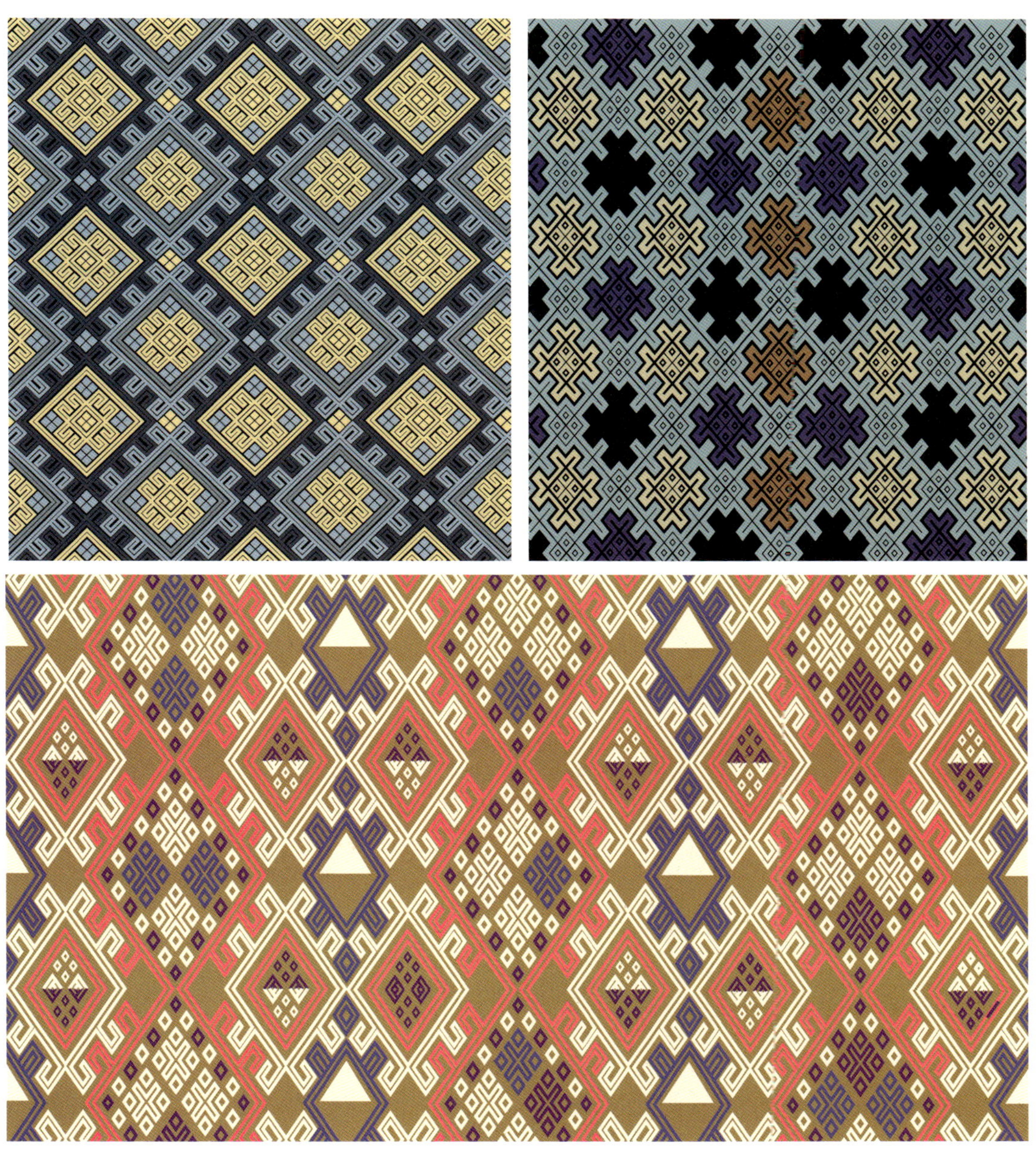

200. 土家织锦

土家族现主要分布在湖南湘西地区，织锦使用斜织腰机反面挑花而成。纹样来源于生活，取自大自然，有阳雀花纹、燕子纹、石毕纹、莲花纹、梅花纹、豆腐架纹，也有带吉祥寓意的凤穿牡丹纹、蝴蝶双鱼纹、小龙纹等。图案有抽象和具象两种，多以纵向二方连续或四方连续的方式有规律地排列，上下挡头多用由三角形构成的抽象猴手纹来丰富锦面。

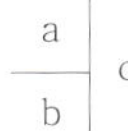

a. 土家族莲花纹锦
b. 土家族凤穿牡丹纹锦
c. 土家族阳雀花纹锦

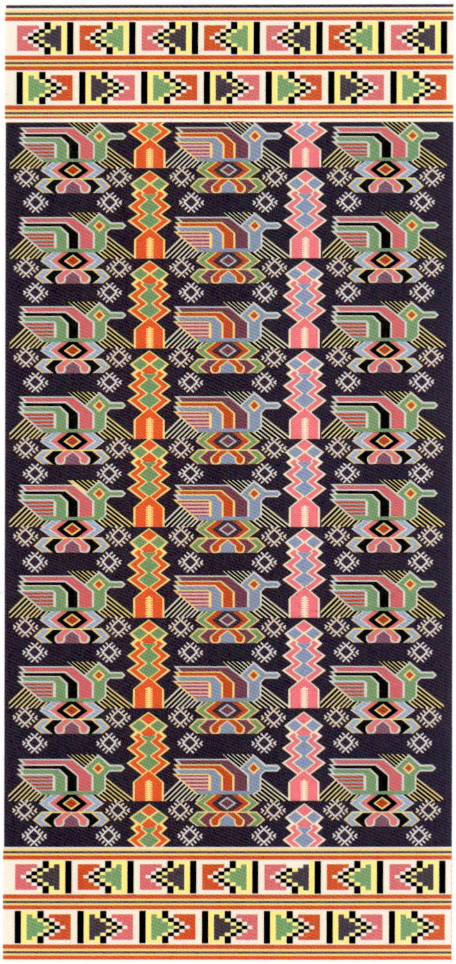

201. 土家织锦中的生活气息

土家织锦的图案和生活密切相关，家家户户都有的椅子、耕牛用的枷担、称重工具秤钩都是灵感来源。椅子花用四个六边形围绕一个菱形组成，菱形象征火塘，呈现了冬天一家人围坐在火塘边取暖的其乐融融的场景，将土家人的生活气息完全融入到了织锦中。代表福气、运气、长寿、喜庆的“福”“禄”“寿”“喜”等汉字的加入，也是对美好生活的向往和期待的表达。

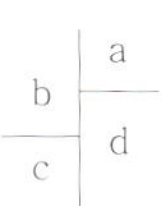

a. 土家族小称勾纹锦
b. 土家族福禄寿喜纹锦
c. 土家族椅子花纹锦
d. 土家族大烂枯梅纹锦

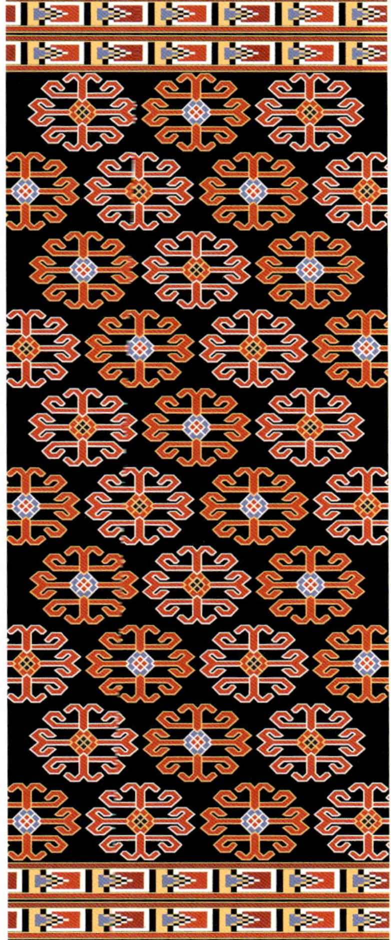

202. 土家族勾纹织锦

勾纹是土家织锦中最常见的纹样之一。其中以四十八勾最具代表性，它形似字母S，原型是自然中的倒钩藤，由八勾发展而来，层层向外扩散，勾勾相连形成四十八勾，放置在六边形骨架中规则排列，常搭配卍字纹以丰富锦面，上下挡头除猴手纹也常用雷纹，均呈二方连续排列，其寓意与土家人的太阳崇拜及婚嫁文化紧密相连。

a. 土家族四十八勾纹锦
b. 土家族大称勾纹锦
c. 土家族八勾花纹锦
d. 土家族小称勾纹锦

203. 壮锦动物纹

在织物上使用带有吉祥寓意的图案和文字来表达美好祝愿是较为普遍的一种方式。壮族的动物纹锦，通幅由仰首相对的龙、象征智慧的作回首状的梅花鹿、代表勇敢的老虎、代表吉祥的公鸡、代表祥瑞的龙、代表富贵的凤凰组成，织锦图案呈纵向二方连续排列，并以中心轴线呈左右对称，色彩搭配丰富，动物形态灵活，锦面富有韵律感。也有使用刺绣的方式，在背儿带上绣蛙和蛇，来表达对子嗣延绵、健康长寿的美好祈愿。

a
b | c

a. 壮族蛙蛇纹贴布绣背儿带
b. 壮族八角花纹锦背儿带
c. 壮族动物纹锦

204. 壮锦八角星纹

壮锦起源于宋代，是少数民族织锦的代表，采用通经断纬的织造方式，用丝线和棉线在竹笼机上交织而成。这几件织锦使用最多的图案是八角星，八角星纹最早出现在中国新石器时代出土的陶器上，因有八个角而得名。在壮族，八角星用来表示太阳，基本填充在菱形骨架中，常和其他几何纹样搭配使用，也有王字纹、回纹、锯齿纹等纹样，织锦除了三块拼接做被面外，也常用在背儿带和包被上。

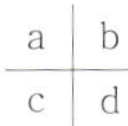

a. 壮族八角星纹锦
b. 壮族八角星纹锦包被
c. 壮族八角星纹锦背儿带
d. 壮族几何纹锦包被

205. 苗族动物纹刺绣

苗族的刺绣享有盛名。有破线绣、双线重叠绣、锁绣、十字挑花等多种技法，有具象的蛙龙形象，孵化小蝌蚪的青蛙意味着多子，龙则是吉祥的化身，图案借用两种动物象征多子多福、吉祥如意。也有使用十字挑花方式绣出抽象的月亮星辰纹、八角花纹和几何纹的。

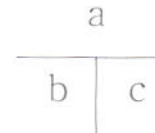

a. 苗族龙蛙纹刺绣服饰
b. 苗族几何纹刺绣
c. 苗族太阳月亮星辰纹刺绣背儿带

206. 苗族花蝶纹刺绣

这三件为贵州不同地区的苗族刺绣背儿带，图案都用到了牡丹花和蝴蝶纹样。盛开的牡丹花代表荣华富贵，被花香吸引来的蝴蝶和凤鸟围绕在旁，石榴象征多子多福，是对人丁兴旺的美好祈愿。

a

b | c

a. 苗族石榴花蝶纹刺绣背儿带

b. 苗族花蝶纹刺绣背儿带

c. 苗族牡丹凤蝶纹刺绣背儿带

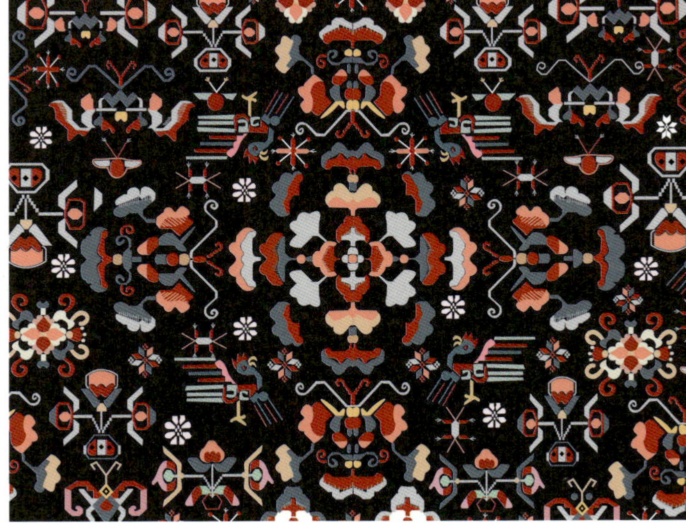

207. 苗族几何纹刺绣

这三件苗族刺绣，使用了拉锁绣、平绣、挑花技法，图案主题为花卉，有八角花、四合花、柿蒂花，这些花卉纹样填充在方形或菱形骨架中，呈四方连续排列。与一般刺绣的写实图案不同，这几件织物使用几何线段和图形来呈现。

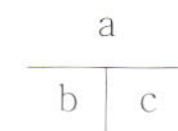

a. 苗族柿蒂花纹刺绣背儿带
b. 苗族几何花卉纹刺绣背儿带
c. 苗族八角花纹挑花围裙

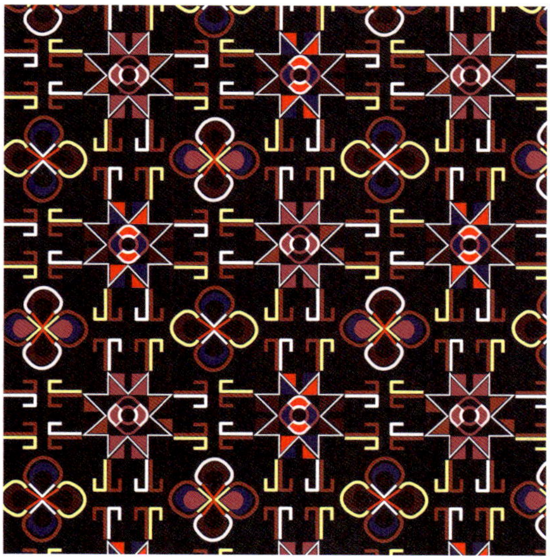

208. 苗族蝴蝶花卉纹织锦

这两块织锦均是在白色棉布上挑花形成纹样，仅使用黑白两色，呈古朴之风。在通幅曲折而下的菱形骨架中，分别填充蝴蝶纹及其他抽象几何纹，图案呈纵向二方连续排列，左右对称。每个菱形骨架中的图案并不相同，层次丰富，饱满厚重。

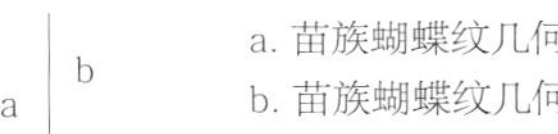

a. 苗族蝴蝶纹几何纹锦
b. 苗族蝴蝶纹几何纹锦

209. 苗族卷云纹贴布绣

这三件背儿带都使用了贴布绣的技法，即将布料剪成规律纹样，在纹样边缘以丝线均匀固定，呈锁边效果。纹样为卷云纹，以代表太阳的十字和卍字为中心向四周发散，形成首尾相连的纹样，象征太阳光芒万丈，普照大地。线条卷曲灵动，呈卷云状，故称“卷云纹”。拼布绣巧妙利用底布与面料的色差，呈现出深浅不一、对比分明的效果。颜色为色彩饱和度较高的红蓝、红绿、红黄的搭配，视觉效果突出。

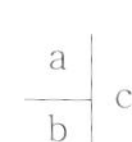

a. 苗族卷云纹贴布绣背儿带
b. 苗族卷云纹贴布绣背儿带
c. 苗族卷云纹贴布绣背儿带

210. 瑶族动物几何纹挑花

根据底布的经纬交织点用十字针法绣出图案，这种技法叫作挑花。这几件织物均是在黑色地上进行大面积彩色挑花，主题纹样为动物纹，有龙蛇组合纹、对鸟纹、鱼纹和蜘蛛纹。龙纹呈波浪形骨架，蛇纹呈流水状填充锦面或成为边饰，画面极富动感。这种纹样也常绣在小孩的花帽上，表达长辈对子女的美好祝愿。鸟纹则是由三角形块面和几何直线组成的，形象生动，八角花纹、树纹穿插其中，与主纹样形成大小和疏密对比。红、黄、白、绿、橙等多种颜色的搭配，使纹样在黑色地上更加突出。

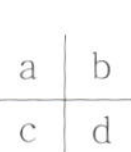

a. 瑶族龙蛇几何纹挑花围裙
b. 瑶族几何动物纹挑花围裙
c. 瑶族对鸟八角花纹挑花围腰
d. 瑶族鸟纹几何纹挑花女裤

211. 瑶族几何纹挑花

瑶族常用的挑花方式是在上衣、裤子、头帕、腰带、围裙、挎包上绣出图案，有八角花纹、莲花纹、树纹、雪花纹、井字纹、日字纹、卍字纹、几何纹等。有单独纹样呈四方联续排列的，也有图案组合限定在一个正方形或长方形内的，但纹样都用线段和简单块面组合而成，色彩有红、黄、蓝、绿、橙等多色。

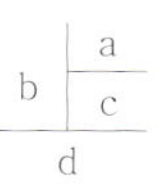

a. 瑶族井字卍字组合纹挑花女裤
b. 瑶族八角花纹挑花腰带
c. 瑶族盘王组合纹挑花围裙
d. 瑶族树纹挑花女上衣

212. 瑶族盘王唐王纹挑花

盘王和唐王为瑶族的象征性纹样，用来表示瑶族神话故事中的男性祖先。这些纹样取自云南瑶族服饰，采用挑花工艺，除了盘王纹和唐王纹，还搭配有鸡冠纹、抽象人纹、卍字纹、松果纹、禾苗纹和几何纹等，图案呈横向二方连续排列。

a. 瑶族唐王纹挑花衣袖
b. 瑶族盘王卍字纹挑花男童裤
c. 瑶族唐王纹挑花裤

213. 瑶族太阳花

这件是云南河口瑶族自治县盘瑶挑花盖头帕，纹样区别于侗族的太阳纹，更为抽象和几何化。太阳纹在瑶族被称作“太阳花”，挑花纹样中的卍字和太阳花都是太阳的代表，此外还搭配有鸡冠纹等纹样，使用灰、棕、土黄等颜色相近的线，色彩古朴。

瑶族太阳花纹挑花盖头帕

214. 毛南族织锦被面

这三件都是广西环江毛南族的被面，由两块或三块窄幅织锦拼接而成，底色有绛色和深蓝两色，图案造型写实，形象逼真。毛南族人敬仰龙，认为龙主管着雨水，凤凰代表掌管生育的万岁娘娘，所以多用龙凤图案。狮子则被看作可以带来吉祥的瑞兽。每一幅织锦中都有花瓶图案且均不相同，图案以花瓶为中心左右对称，呈纵向二方连续排列，整个锦面图案规则整齐，富有格律。

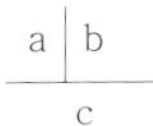

a. 毛南族对凤飞龙瓶花纹锦被面
b. 毛南族对凤瓶花纹锦被面
c. 毛南族凤鸟狮子纹锦被面

215. 彝族、水族卷草纹刺绣

云南富宁的彝族刺绣背儿带，黑色地上用黄、红、蓝、绿、白、紫等多种颜色的丝线绣出花草纹样，可以是单独纹样，有时也会填充在菱形骨架中，呈纵向和横向连续排列，直线和曲线的结合使得图案更为丰富。水族也会用类似的方式来表现卷草纹，并搭配涡纹等来增加层次感。

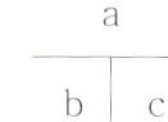

a. 水族卷草花纹刺绣背儿带
b. 彝族石榴花草纹刺绣背儿带
c. 彝族菱形卷草纹刺绣背儿带

216. 哈萨克族刺绣

哈萨克族的刺绣图案一般为对称纹样，不仅整体对称，还体现在单个纹样的对称上。哈萨克族是游牧民族，羊和鹰都是与其生活密切相关的动物，其中鹰是力量、勇猛、自由的象征。在刺绣中，哈萨克族人将羊角和鹰角巧妙嵌套在心型内，外圈饰有卷草纹，并在杂物袋边缘装饰流苏，做工精美。除了动物纹样，象征太阳的八角星纹也常使用。

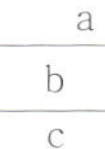

a. 哈萨克族鹰式角形纹绣花杂物袋
b. 哈萨克族八角星纹刺绣装饰
c. 哈萨克族羊角纹绣花杂物袋

217. 高山上的刺绣

新疆柯尔克孜族和塔吉克族的刺绣各具特色。柯尔克孜族使用鲜亮的绿、橘、紫、白多色，在红色绒布地上绣出卷曲的花枝藤蔓，展现植物的自然形态。而塔吉克族运用贴布绣的方式，用三角形代表高山，与其他几何纹进行组合，形成八角花等图案，以此来表达当地人民对山的崇拜和依恋。

a
b
c

a. 柯尔克孜族卷草纹刺绣壁挂
b. 塔吉克族八角星纹拼布挂饰
c. 塔吉克族八角星纹拼布围裙

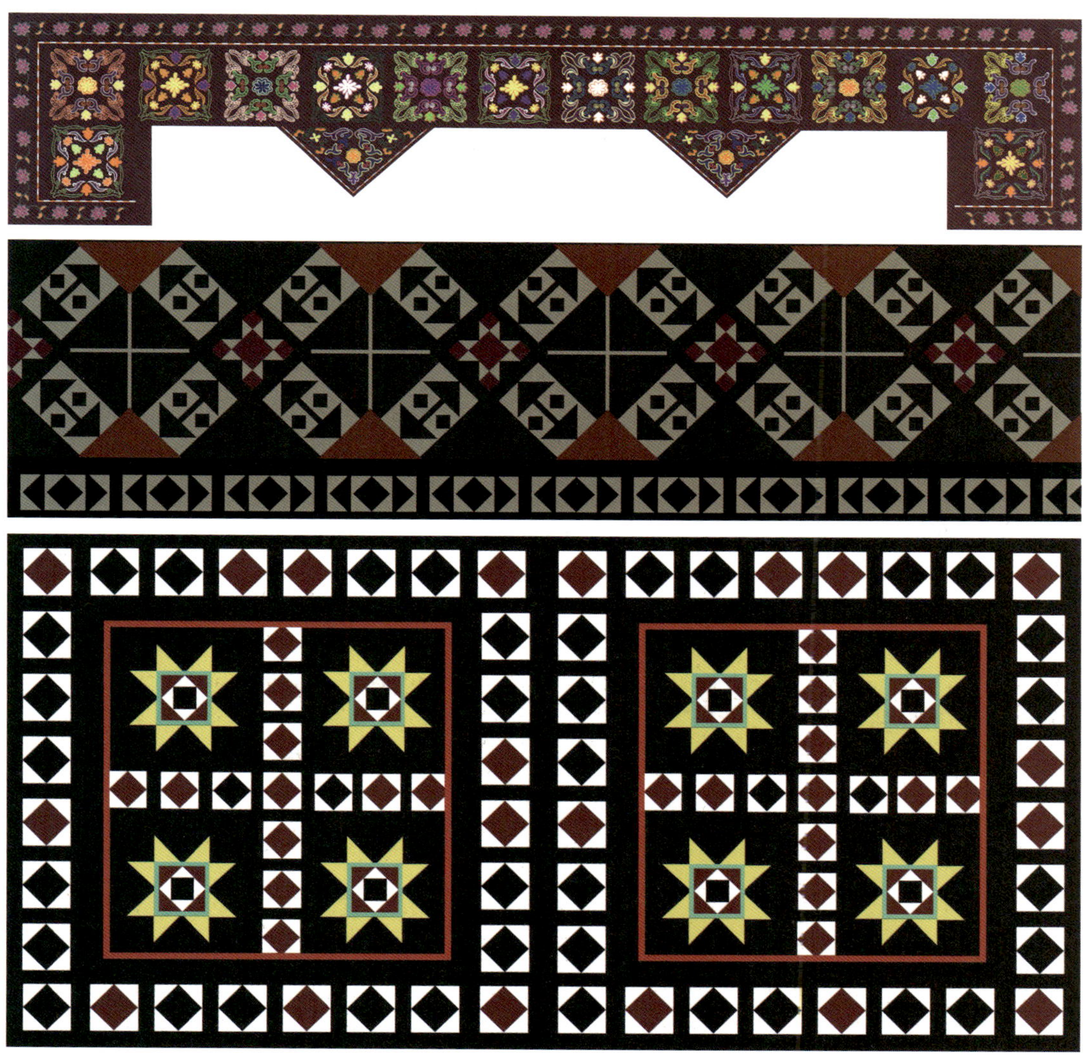

218. 西北的织染绣

这是一组西北地区回族、白族和维吾尔族的织染绣纹样。古钱纹外圆内方，“没有规矩不成方圆”便来源于此，它也包含了人们对兴旺发达、财源滚滚的美好期待。回族小枕头的枕顶和云南大理喜洲白族的刺绣背儿带，采用了拼布工艺和叠绣技法，铜钱两两重叠相交，呈四方连续排列。而先将经线扎染再织造的艾德莱斯，以独特的工艺和图案在新疆盛行。

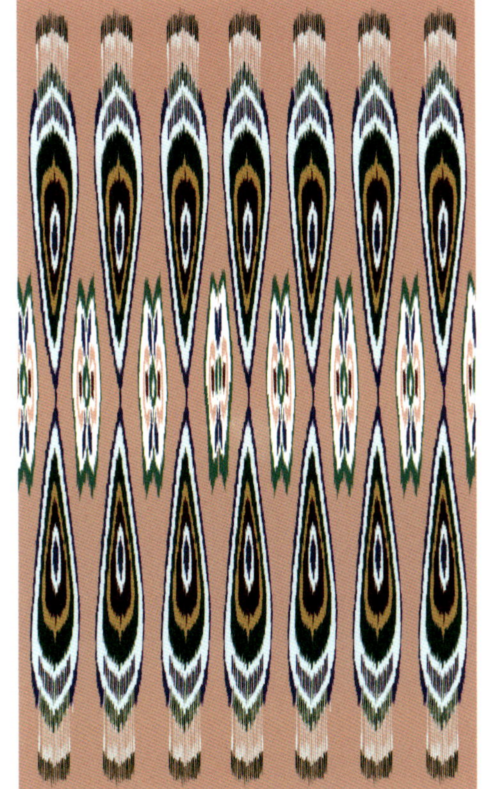

a
b | c

a. 维吾尔族几何纹艾德莱斯围巾
b. 回族古钱纹拼布枕头枕顶
c. 白族古钱纹刺绣背儿带

拓展阅读

中文著作

包铭新. 中国染织服饰史文献导读[M]. 上海：东华大学出版社，2006.

北京市昌平区十三陵特区办事处. 定陵出土文物图典[M]. 北京：北京美术摄影出版社，2006.

《北京文物精粹大系》编委会，北京市文物局. 北京文物精粹大系·织绣卷[M]. 北京：北京出版社，2000.

常沙娜. 敦煌历代服饰图案[M]. 北京：轻工业出版社，1986.

常沙娜. 中国织绣服饰全集（第5卷）：少数民族服饰卷（上、下）[M]. 天津：天津人民美术出版社，2005.

陈维稷. 中国纺织科学技术史（古代部分）[M]. 北京：科学出版社，1984.

故宫博物院. 至尊华章——故宫博物院藏清代宫廷织绣服饰文物[M]. 北京：故宫出版社，2019.

贵州人民出版社. 中国贵州民族民间美术全集：挑花织锦[M]. 贵阳：贵州人民出版社，2008.

贵州省民族研究所，贵州民族出版社. 贵州少数民族[M]. 贵阳：贵州民族出版社，1991.

黄能馥. 陈娟娟. 中华历代服饰艺术[M]. 北京：中国旅游出版社，1999.

李雨来. 清代服饰制度与传世实物考（男装卷、女装卷）[M]. 上海：东华大学出版社，2019.

辽宁省博物馆. 宋元明清缂丝[M]. 北京：人民美术出版社，1982.

刘珂艳. 元代纺织品纹样研究[M]. 上海：东华大学出版社，2018.

缪良云. 中国历代丝绸纹样[M]. 北京：纺织工业出版社，1988.

祁小山，王博. 丝绸之路·新疆古代文化[M]. 乌鲁木齐：新疆人民出版社，2008.

尚刚. 唐代工艺美术史[M]. 杭州：浙江文艺出版社，1998.

尚刚. 元代工艺美术史[M]. 沈阳：辽宁教育出版社，1999.

上海市纺织科学研究院、上海市丝绸工业公司文物研究组. 长沙马王堆一号汉墓出土纺织品的研究[M]. 北京：文物出版社，1980.

沈从文. 中国古代服饰研究[M]. 北京：商务印书馆，2011.

沈从文. 中国历代服饰研究[M]. 北京：商务印书馆，2011.

沈从文，王家树. 中国丝绸图案[M]. 北京：人民美术出版社，1957.

孙机. 汉代物质文化资料图说[M]. 上海：上海古籍出版社，2008.

田明. 土家织锦[M]. 北京：学苑出版社，2008.

王乐. 丝绸之路织染绣服饰研究·新疆段卷[M]. 上海：东华大学出版社，2020.

王孖. 王孖与纺织考古[M]. 香港：艺纱堂/服饰工作队，2001.

吴淑生，田自秉. 中国染织史[M]. 上海：上海人民出版社，1986.

夏鼐. 中国文明的起源[M]. 北京：文物出版社，1985.

新疆维吾尔自治区博物馆，出土文物展览工作组. 丝绸之路：汉唐织物[M]. 北京：文物出版社，1972.

徐铮. 美国费城艺术博物馆藏丝绸经面研究[M]. 上海：东华大学出版社，2019.

杨玲. 北京艺术博物馆藏明代大藏经丝绸裱封研究[M]. 北京：学苑出版社，2013.

扬之水. 曾有西风半点香：敦煌艺术名物丛考[M]. 北京：生活・读书・新知三联书店，2012.

玉时阶. 濒临消失的广西少数民族服饰文化[M]. 北京：民族出版社，2011.

袁宣萍，徐铮. 中国近代染织设计[M]. 杭州：浙江大学出版社，2017.

袁宣萍，赵丰. 中国丝绸文化史[M]. 济南：山东美术出版社，2009.

苑洪琪，刘宝建. 故宫藏毯图典[M]. 北京：故宫出版社，2010.

张道一. 中国图案大系（1—6）[M]. 济南：山东美术出版社，1993.

张晓霞. 天赐荣华——中国古代植物装饰纹样发展史[M]. 上海：上海文化出版社，2010.

张晓霞. 中国古代染织纹样史[M]. 北京：北京大学出版社，2016.

赵丰. 唐代丝绸与丝绸之路[M]. 西安：三秦出版社，1992.

赵丰. 织绣珍品：图说中国丝绸艺术史[M]. 香港：艺纱堂/服饰工作队，1999.

赵丰. 中国丝绸通史[M]. 苏州：苏州大学出版社，2005.

赵丰. 中国丝绸艺术史[M]. 北京：文物出版社，2005.

赵丰. 敦煌丝绸艺术全集・英藏卷[M]. 上海：东华大学出版社，2007.

赵丰. 丝绸之路美术考古概论[M]. 北京：文物出版社，2007.

赵丰. 西北风格——汉晋织物[M]. 香港：艺纱堂/服饰队，2008.

赵丰. 敦煌丝绸与丝绸之路[M]. 北京：中华书局，2009.

赵丰. 敦煌丝绸艺术全集・法藏卷[M]. 上海：东华大学出版社，2010.

赵丰. 中国美术全集：纺织品[M]. 合肥：黄山书社，2010.

赵丰. 天鹅绒[M]. 苏州：苏州大学出版社，2011.

赵丰. 敦煌丝绸艺术全集・俄藏卷[M]. 上海：东华大学出版社，2014.

赵丰. 丝路之绸：起源、传播与交流[M]. 杭州：浙江大学出版社，2015.

赵丰. 中国丝绸与丝绸之路[M]. 合肥：黄山书社，2016.

赵丰，齐东方. 锦上胡风——丝绸之路纺织品上的西方影响（4—8 世纪）[M]. 上海：上海古籍出版社，2011.

赵丰，王乐. 敦煌丝绸[M]. 兰州：甘肃教育出版社，2013.

赵丰，徐铮. 经纬锦绣：中国古代丝绸纺织术[M]. 北京: 文物出版社，2017.

赵评春，迟本毅. 金代服饰：金齐国王墓出土服饰研究[M]. 北京：文物出版社，1998.

浙江丝绸工学院，苏州丝绸工学院. 织物组织与纹织学（上、下）[M]. 北京：中国纺织出版社，1981，1982.
郑巨欣. 中国传统纺织品印花研究[M]. 杭州：中国美术学院出版社，2008.
中国美术全集编委会. 中国美术全集（第41、42卷）：印染织绣（上、下）[M]. 北京：文物出版社，1986.
周莹. 中国少数民族服饰手工艺[M]. 北京：中国纺织出版社，2014.
朱新予. 中国丝绸史（专论）[M]. 北京：纺织工业出版社，1997.
宗凤英. 明清织绣[M]. 上海：上海科学技术出版社，2005.

中文期刊论文

包铭新. 关于缎的早期历史的探讨[J]. 中国纺织大学学报，1986（1）: 93-99
蔡欣，苏淼，赵丰，等. 南京长干寺出土的平经暗花丝织物研究[J]. 丝绸，2012（8）: 52-56.
陈娟娟. 新疆吐鲁番出土的几种唐代织锦[J]. 文物，1979（2）: 64-74.
陈娟娟. 明代提花纱、罗、缎织物研究[J]. 故宫博物院院刊，1986（4）: 79-86, 94.
德新，张汉君，韩仁信. 内蒙古巴林右旗庆州白塔发现辽代佛教文物[J]. 文物，1994（12）: 4-33.
敦煌文物研究所. 新发现的北魏刺绣[J]. 文物，1972（2）: 54-60, 73-74.
高汉玉. 江陵望山楚墓出土的织锦和刺绣[J]. 丝绸史研究，1989（2）: 6-9.
高汉玉，王任曹，陈云昌. 台西村商代遗址出土的纺织品[J]. 文物，1979（6）: 44-49.
郭禀伯. 明代户部尚书马森墓出土丝织品的研究[J]. 丝绸，1985（10）: 7-10.
郝思德，李砚铁，刘晓东. 黑龙江省阿城金代齐国王墓出土织金锦的初步研究[J]. 北方文物，1997（4）: 32-42.
贾应逸. 略谈尼雅遗址出土的毛织品[J]. 文物，1980（3）: 78-83.
李华. 清代江南三织造[J]. 文史知识，1985（8）: 56，59-61.
李文瑛. 新疆营盘墓地出土对人兽树纹罽[J]. 西域研究，2000（2）: 64.
李也贞，张宏源，卢连成，等. 有关西周丝织和刺绣的重要发现[J]. 文物，1976（4）: 60-63.
李英华. 古代绫织物的起源及演变[J]. 故宫博物院院刊，1985（1）: 74-77.
刘珂艳. 元代纺织品中凤尾造型特征[J]. 装饰，2015（10）: 128-129.
苏淼，王淑娟，鲁佳亮，等. 明清暗花丝织物的类型及纹样题材[J]. 丝绸 2017（6）: 81-90.
王乐，赵丰. 敦煌丝绸中的团窠图案[J]. 丝绸，2009（1）: 45-47，55.
王矜. 马王堆汉墓的丝织物印花[J]. 考古，1979（5）: 474-478，471.
王亚蓉. 法门寺塔地宫所出纺织品[J]. 文物，1988（10）: 26-29.
武敏. 新疆出土汉—唐丝织品初探[J]. 文物，1962（7、8）: 64-75.
武敏. 吐鲁番出土丝织品中的唐代印染[J]. 文物，1973（10）: 37-47.
武敏. 唐代的夹版印花——夹缬：吐鲁番出土印花丝织物的再研究 [J]. 文物，1979（8）: 40-49.

武敏. 吐鲁番出土蜀锦的研究[J]. 文物，1984（6）：70-81.
夏鼐. 我国古代蚕、桑、丝、绸的历史[J]. 考古，1972（2）：12-27.
熊传新. 长沙新发现的战国丝织物[J]. 文物，1975（2）：49-57.
许新国. 都兰吐蕃墓出土含绶鸟织锦研究[J]. 中国藏学，1996（1）：3-27.
俞伟超. 东汉佛教图像考[J]. 文物，1980（5）：68-78.
玉时阶. 瑶族服饰图案纹样的文化内涵[J]. 广西民族学院学报（哲学社会科学版），1994（1）：38-41.
袁宣萍. 清代丝织品中的西洋风[J]. 丝绸，2004（3）：46-48.
袁宣萍. 仿造中国：欧洲曾经的中国风[J]. 装饰，2010（2）：22-29.
张宏源. 谈妆花织物与挂经织物[J]. 故宫博物院院刊，1988（4）：85-89.
赵承泽. 谈福州、金坛出土的南宋织品和当时的纺织工艺[J]. 文物，1977（7）：28-33.
赵丰. 丝绸起源的文化契机[J]. 东南文化，1996（1）：67-74.
赵丰. 辽庆州白塔所出丝绸的织染绣技艺[J]. 文物，2000（4）：70-81.
赵丰，罗群，周旸. 战国对龙对凤纹锦研究[J]. 文物，2012（7）：56-68.
赵丰, 齐晓光. 耶律羽之墓丝绸中的团窠和团花图案[J]. 文物，1996（1）：33-35.
赵丰，王乐. 敦煌的胡锦与番锦[J]. 敦煌研究，2009（4）：38-46，123-124.

中文学位论文

包铭新. 缎类织物的起源和发展[D]. 上海：华东纺织工学院，1982.
顾春华. 中国古书画装裱丝绸研究[D]. 上海：东华大学，2015.
蒋玉秋. 明代丝绸服装形制研究[D]. 上海：东华大学，2016.
邝杨华. 西北地区出土汉唐刺绣研究[D]. 上海：东华大学，2013.
阙碧芬. 明代提花丝织物研究（1368—1644）[D]. 上海：东华大学，2005.
容婷. 广西瑶族服饰研究[D]. 上海：东华大学，2017.
沈莲玉. 中国历代纹织物组织结构、织造工艺及织花机的进展[D]. 上海：东华大学，1995.
苏淼. 彼得大帝军旗所用中国丝织品研究[D]. 上海：东华大学，2019.
屠恒贤. 战国时期丝织品的研究及复制[D]. 上海：东华大学，1983.
王业宏. 清代前期龙袍研究（1616—1766）[D]. 上海：东华大学，2010.
谢涛. 北京服装学院民族服饰博物馆藏古代联珠纹织物研究[D]. 北京：北京服装学院，2017.
张晓霞. 中国古代植物装饰纹样发展源流[D]. 苏州：苏州大学，2005.
赵丰. 中国传统织机及织造技术研究[D]. 上海：中国纺织大学，1997.
郑巨欣. 中国古代雕版印花艺术的研究[D]. 杭州：浙江美术学院，1990.

外文著作

Barber, Elizabeth Wayland. *The Mummies of Ürümchi*[M]. New York: W. W. Norton & Company, 1999.

Becker, John & Wagner, Donald. *Pattern and Loom: A Practical Study of the Development of Weaving Techniques in China, Western Asia and Europe*[M]. Copenhagen: Rhodos International Publishers, 1986.

Bertin-Guest, Josiane. *Chinese Embroidery: Traditional Techniques*[M]. Iola: Krause Publications, 2003.

Bray, Francesca. *Technology and Gender: Fabrics of Power in Late Imperial China*[M]. Berkeley: University of California Press, 1997.

Chung, Young Yang. *Silken Threads: A History of Embroidery in China, Korea, Japan, and Vietnam*[M]. New York: Harry N. Abrams, 2005.

Harris, Jennifer. *5000 Years of Textiles*[M]. London: British Museum Press, 2010

Harvey, Janet. *Traditional Textiles of Central Asia*[M]. London: Thames & Hudson, 1996.

Hong Kong Museum of Art. *Heaven's Embroidered Cloth: One Thousand Years of Chinese Textiles*[M]. Hong Kong: Urban Council of Hong Kong, 1995.

Lemire, Beverly. *Global Trade and the Transformation of Consumer Cultures (The Material World Remade, c. 1500–1820)*[M]. New York: Cambridge University Press, 2018.

Nosch, Marie-Louise, Zhao, Feng & Varadarajan, Lotika. *Global Textile Encounters*[M]. Barnsley: Oxbow Books Ltd., 2014.

Riboud, Krishna. *A Closer View of Early Chinese Silks, Studies in Textile History*[M]. Toronto: Royal Ontario Museum, 1977.

Roderick, Whitfield. *Art of Central Asia: Paintings from Dunhuang (Vol. 1): The Stein Collection in the British Museum*[M]. Tokyo: Kodansha International Ltd., 1982.

Sim, Yeon-ok. *2000 Years of Korean Textile Design*[M]. Seoul: Samhwa Printing, 2006.

Vainker, Shelagh. *Chinese Silk: A Cultural History*[M]. London: British Museum Press, 2004.

Watt, James & Wardwell, Anne. *When Silk Was Gold: Central Asian and Chinese Textiles*[M]. New York: The Metropolitan Museum of Art, 1997.

Wilson, Kax. *A History of Textiles*[M]. Boulder: Westview Press, Inc., 1979.

Wilson, Verity. *Chinese Textiles*[M]. London: Victoria and Albert Museum, 2005

花林舍. 祇園祭山鉾懸装品調査報告書—渡来染織品の部—[M]. 京都：祇園祭山鉾連合会，2012.

松本包夫. 正倉院裂と飛鳥天平の染織[M]. 京都：紫红社，1984.

吉田雅子. 海のシルクロードの染織史[M]. 东京：中央公論美術出版，2017.

外文期刊论文

Good, Irene. On the question of silk in Pre-Han Eurasia[J]. *Antiquity*, 1995, 69 (266): 959-968.

Kuhn, Dieter. Silk weaving in ancient China: From geometric figures to patterns of pictorial likeness[J]. *East Asian Science*, 1995, 12(1): 77-114.

Sheng, Angela. Woven motifs in Turfan silks: Chinese or Iranian[J]. *Orientations*, 1999, 30 (4): 45.

Vollmer, John. Clothed to rule the universe: Ming and Qing Dynasty textiles at the Art Institute of Chicago[J]. *Art Institute of Chicago Museum Studies*, 2000, 26(2): 4-5.

文物来源

巴林右旗博物馆　58c，58d，59b，59c，59d，67d

北京法海寺　137a，137b

北京服装学院民族服饰博物馆　194b，194c，194d，199a，199b，199c，200b，201b，201c，202b，204a，214a，214b，214c

北京尚仕雅集文化艺术顾问有限公司　153e

北京艺术博物馆　108a，108c，108d，110b，113d，115a，115b，115c，116b，117b，118a，118b，120b，120d，121a，121b，122a，122c，122d，123b，124a，124b，124c，124d，125b，125c，126a，127a，128c，128d，129a，129b，130a，130b，130c，131a，131b，131c，131d，132a，132b，132c，132d，133c，133d，134a，134b，134c，143c，146b

常州武进博物馆　116d

承德避暑山庄博物馆　170c

大同市博物馆　103a，103b

大英博物馆　18c，21a，24d，25b，34a，34c，36d，37a，38c，39b，39c，39d，41c，63d，177d，178b

大英博物馆、俄罗斯艾尔米塔什博物馆　32b

定陵博物馆　109a，109b，109c，109d，113c，116c，126b

敦煌莫高窟　47a，47b，47c，47d，48a，48 b，48c，48d

敦煌研究院　24a，24b，25d，36b，85a，85d，89d，90a，96d，100b，100c

俄罗斯艾尔米塔什博物馆　32c，36c，65a，74d

俄罗斯国家历史博物馆　149d

俄罗斯纳斯利地亚考古所　100d

法国国家图书馆　36a

法国吉美博物馆　21b，24c，34d，35b，39a，43a，43d，53a，59a

福建博物院　68b，68c，72a，72b，72c，72d

甘肃简牍博物馆　7d

甘肃省博物馆　7b，7c，90d

甘肃省文物考古研究所　7a，13a

谷风堂　152a
故宫博物院　1b，63a，88a，91c，111a，117c，117d，118d，120c，121d，125a，127b，128a，128b，133a，136a，136b，136c，136d，140c，140d，143a，144b，145b，145c，146d，148d，151a，151b，151c，151d，153a，153b，153c，153d，153f，157b，157c，157d，159c，162b，162d，165d，166c，166d，177a，177b，181d，182a，182d，183b，184c
广西金秀瑶族博物馆　211b，212c
广西民族博物馆　210a，210b，210c，211a，211c，211d，212a，212b
韩国礼山修德寺　80a，81a，82b，96a，97a
韩国温阳民俗博物馆　81c
和田博物馆　46a，46b，46c，51d
黑龙江省博物馆　77a，77b，77c，77d，81d
湖南龙山县织锦厂　200a
湖南省博物馆　6a，6b，6c，6d，71a
湖南省工艺美术研究所　201a
湖南省工艺美术研究所、湖南龙山县织锦厂　202d
湖南省群众艺术馆　201d，202c
黄岩博物馆　66a，66b，66c，68d
加拿大皇家安大略博物馆　140b，155a，155c，155d，156b，156c，156d，158a，159a，159d，160b，161，162c，166a，166b，168a，168b，168c
嘉兴博物馆　119a，119c
江西省博物馆　112c
江西省文物考古研究所　111b，112d
荆州博物馆　2a，2b，3a，3b，3c，5a，5b
柯岑基金会　10b，12c，12d
孔府文物档案馆　110a，110c，113b，115d
辽宁省博物馆　50b
隆化民族博物馆　82d，89b，97d，99a，99b，101c
美国波士顿美术博物馆　50c，84a，140a，157a，159b，167a，167b，182b，182c
美国大都会艺术博物馆　35c，35d，40b，71b，71d，73a，73b，73c，78c，79a，84b，92c，101b，103d，148b，155b，158b，160a，165a，165b，169a，169b，169c，169d，170a，170b，170d，171a，171b，171c，171d，172a，172b，172c，173a，173b，173c，173d，174a，174b，174c，174d，175a，175b，175c，175d，176a，176b，176c，176d，177c，178c，179a，179b，179c，179d，180a，180b，180c，180d，181a，181b，181c，181d，183a

美国费城艺术博物馆　112a，114b，116a，133b，144a，184a

美国弗利尔美术馆　50a，148a

美国华盛顿大学纺织博物馆　4a，4b，4c，13b

美国克利夫兰艺术博物馆　64d，78b，82c，91a，94a，94d

南京博物院　51a，51b，64a，70a，70b，70c，70d

内蒙古博物院　37b，55c，55d，56a，56b，56c，57a，57b，57c，60a　60c，63b，78a，79b，81b，92a，92d，95b，98a，98b，98c，101a

内蒙古自治区文物考古研究所　53b，64c

宁夏博物馆　74a，74b，74c

青海省文物考古研究所　16c，44b

全椒县文物管理所　148c

日本东京国立博物馆　104b

日本海杜美术馆　152c

日本京都涌泉寺　75b，75c

日本静嘉堂文库美术馆　104c

日本奈良法隆寺　30

日本奈良国立博物馆　76a

日本神奈川县立历史博物馆　76b，76c，76d

日本王舍城美术宝物馆　152d

日本一莲寺　75d，104d

日本正仓院　44a

瑞典陆军博物馆　146a，149a，149b，149c，150a，150b，150c，150d

瑞典远东博物馆　1a

瑞士阿贝格基金会　91b

三星堆博物馆　1c

山东博物馆　107，112b，113a，123c，139a

山西博物院　138b，138e

上海市历史博物馆　152b

沈阳故宫博物院　162a

首都博物馆　86d，94b，138a，138c，138d，142a

苏州博物馆　85b，96b，97b

台北故宫博物院　50d，83b，126c，178a，185b，191b

台湾史前文化博物馆　194a，196a，197a，197b，198，203a，203b，204b，204c，204d，205c，206a，206b，206c，207c，208b，209b，209c，215b，215c，218c

泰州博物馆　117a，118c

天津博物馆　104a
吐鲁番博物馆　13c
无锡博物院　71c，96c
无锡市文化遗产保护和考古研究所　119b
西藏故如甲木寺　18a
香港贺祈思藏品收藏基金会　114d
新疆维吾尔自治区博物馆　8b，11c，14a，14c，15a，15b，15c，15d，17a，18b，18d，21c，22b，25a，25c，26a，26b，26c，26d，27a，27b，27c，27d，28a，28d，29a，29b，29c，29d，31a，35a，38a，43b，45a，45b，49b，49c，49d，88b，216a，216b，216c，217a，217b，217c，218b
新疆维吾尔自治区文物考古研究所　8a，9a，9b，10a，10c，11a，11b，12b
盐池县博物馆　135a，135b，135c，135d
英国维多利亚与艾伯特博物馆　32a，43c，97c，103c，156a，164
永安寺　137c，137d
永乐宫　105a，105b，105c，105d，106a，106b，106c，106d
云南民族博物馆　210d，213
中国国家博物馆　178d
中国社会科学院考古研究所　1d
中国丝绸博物馆　14b，16a，16b，17b，17c，19a，19b，19c，19d，20a，20b，21d，22a，23a，23b，23c，28b，28c，31b，31c，33a，33b，33c，34b，38d，40a，40c，40d，41a，41b，42a，42b，51c，52a，52b，52c，52d，54a，54b，54c，54d，57d，58a，58b，60b，60d，61a，61b，61c，61d，62a，62b，62c，62d，63c，64b，65b，65c，65d，67a，67b，68a，69a，69b，69c，79c，80b，80d，84c，84d，87c，87d，89a，89c，90b，92b，93a，93b，93c，93d，102a，102b，102c，108b，120a，121c，122b，123a，123d，127c，139b，139c，139d，141a，141b，142b，142c，145a，145d，146c，147a，147b，154a，154b，163，165c，172d，193a，193b，193c，193d，200c，202a
邹城市文物局　86b
其他　12a，38b，49a，55a，55b，67c，75a，80c，82a，83a，85c，86a，86c，87a，87b，90c，94c，95a，100a，114a，114c，142d，143b，143d，152e，152f，158c，184b，184d，185a，185c，185d，186a，186b，186c，186d，187a，187b，187c，187d，188a，188b，188c，188d，189a，189b，189c，189d，189e，190a，190b，190c，190d，190e，191a，191c，192a，192b，192c，192d，195a，195b，195c，195d，196b，196c，196d，203c，205a，205b，207b，207d，208a，209a，215a，218a

后 记

看一路美丽的风景

走一条漫长的小路，看一路美丽的风景。

无论是把它称为“艺术”还是“设计”，从攻读硕士学位开始，涉及中国丝绸图案的工作我已做了近40年。从1983年第一次在浙江丝绸工学院（现浙江理工大学）开设“中国古代丝绸图案史”课程，编了一册薄薄的讲义开始，到1988年前后写完了《丝绸艺术史》，打印成一册厚厚的讲义，再到1992年《丝绸艺术史》正式由浙江美术学院出版社出版，这是我从事中国丝绸图案研究的第一阶段。

1991年，我转到中国丝绸博物馆工作，开始担任副馆长，次年，中国丝绸博物馆正式开放，我有了更多看到丝绸文物的机会。此后写作《织绣珍品》、主编《中国美术全集》（纺织品卷）、出版《中国丝绸艺术》（*Chinese Silks*），到获得全美纺织品年度出版物大奖，或许可以算是一个过渡阶段。

如果说此前的风景大部分还是我独自欣赏，那么从2013年承担国家文化科技创新工程“中国丝绸文物分析与设计素材再造关键技术研究与应用”重大课题开始，再到十卷本的“中国古代丝绸设计素材图系”出版，我和我的团队特别是中国丝绸博物馆、东华大学和浙江理工大学的同事和同学们走过了长长的丝绸之路，经手了无数的丝绸文物，看过了无数的美丽风景。虽然有些风景照片已经泛黄，有些风景已经不再存在，但我们还是可以通过不同的修复和复原手段还原这些美丽的风景。

不过，这一册《中国丝绸设计（精选版）》是我所看过的最美的那道风景线。一是我们把所有看过的丝绸纹样都做了最精美的复原，即使是留在梦中的已经残破的风景，我们也根据残留的梦境做了还原。二是我们对看过的风景又一次做了精选，并且进行了分类，先按时代，再按题材，还按风格，把所有的丝绸纹样分成了200多组。三是我们为这些风景按组标注了说明，说明它们的出处，分析它们的特色，说明它们的来历，使大家可以了解这些纹样背后的故事。四是我们的目的是让今天的设计者可以从这些纹样中产生设计的灵感和创意，也就是说，这些纹样可以在当下的生活中得以应用。

本书“精选纹样”收录的丝绸纹样复原图，图片注释一般为包含该纹样信息的所在文物名称，已约定俗成的文物名称除外。图像作品中的丝绸纹样，一般只写作品名称；从

“精选纹样165”起，收录了较多书画作品的装裱丝绸纹样，一般写画家和作品名称，有时也有仿某位画家画作的情况，若画家信息缺失，则不写；敦煌壁画中的丝绸纹样，一般只写纹样名称。此外，书中的丝绸纹样复原图，一般只对该文物上的纹样局部进行复原，为便于读者阅读，图片注释中不一一标注“局部”二字。

在这里，首先我要感谢和我一路走来、记录这些风景的同事和同学们。他们和我一起整理，一起临摹，一起写生，一起拍摄。他们中有的来自我所服务的机构中国丝绸博物馆，更多的来自我所合作的机构，包括东华大学、浙江理工大学、浙江工业大学、浙江科技学院、中国美术学院等。他们是十卷本的作者和参与者王乐、徐铮、汪芳、赵帆、袁宣萍、苏淼、蔡欣、顾春华、俞晓群、茅惠伟、蒋玉秋、安薇竹、苗荟萃、孙培彦、吴思雨等，其中安薇竹提供了本书第八章“少数民族（简拙之风）”的内容。但他们的名字确实是挂一漏万，无法完全列举。

其次，我要感谢为我提供资料和机会的那些机构和个人，主要是丝绸文物的发现和保存机构和个人。这样的机构和个人也是太多，但对于大部分丝绸文物我们已列举了丝绸图案的出处，或许可以补上缺憾。

再次，我要感谢浙江大学出版社。浙江大学出版社是中国丝绸博物馆的长期合作出版机构，近五年来为我馆出版了许多优秀的图书。“中国古代丝绸设计素材图系”十卷本是一套叫好又叫座的作品，浙江大学出版社为此还特别申请到了国家出版基金，在完成时获得了优秀的成绩。现在我的希望是把这一册《中国丝绸设计（精选版）》做好，为这一系列画上一个美好的句号。

最后，我要感谢我的两位师友尚刚和扬之水肯定了我们团队的工作，并为此册作序！

赵丰

2020年5月30日于杭州冻绿斋